優しい光のメッセージ

姫乃宮亜美

説話社

優しい光のメッセージ

目次

第二章　あなたの中に湧く美しいエネルギー

第三章 宇宙的で優しいものの見方

第四章　結び目をほどく

プロローグ　聖母意識からの贈り物

女神が教えてくれた優しい生き方

女神が教えてくれた優しい生き方は不思議な力を持っていました。

あたたかい生き方
それを取り戻すと
人生には深い癒しが訪れます

人の心の深いところには、「あたたかい、なつかしい記憶」が眠っています。
それはお母さんのおなかの中に抱かれていた時のような、なつかしい宇宙の記憶なのかもしれません。

赤ちゃんの小さな手できゅっと指を握られた時に、思わず胸にこみあげる愛《いと》しいあたたかさや、つらくて心がぼろぼろの時に何も言わず、お母さんがそっと作ってくれたお味噌汁のあたたかさに、自然に涙があふれることがあるのはなぜなのでしょう。

人生のふとした時に出会う「あたたかいぬくもり」には、私たちのいのちに、かけがえのない大切なものを思い出させる優しい力があります。

あなたの心に広がるあたたかい心のぬくもりは、あなたと宇宙の慈しみが接触する、優しい場所なのです。

その内なる場所からは、あなたの苦しみをほどき、いのちを癒す宇宙の優しいエネルギーが豊かに流れ込んできます。

心のぬくもりは、あなたのもとにもキラキラ輝く幸福なエネルギーをよく通してくれる、光の通路となるのです。心のぬくもりは「糸」のようなもので、そのあたたかい糸をつたって、人生をひらく美しい宇宙エネルギーが、豊かにあなたの日常に流入してきます。

あなたの心があたたかいと、天の幸福エネルギーと同調して一つに溶け合い、スーッとつながるのです。すると、あなたの中に、宇宙から幸福を生み出すエネルギーがどんどん流れてくるのです。

苦しい時、人生が暗闇の時は、心が冷たくなってしまっている時なのですね。けれどもう一度、心があたたかくなると、そのあたたかみの回復と共に、不思議なエネルギーが流れて、いのちはうるおい、人生の幸運が回復してゆきます。

＊　＊　＊

一九八六年の六月のある日、小さな私の身に大きな変化が訪れました。

のちに「聖母意識」あるいは「聖なる母性」とお呼びすることになる、宇宙の女神意識との魂の同調（ふれあい）が訪れたのです。それは、忘れがたい幸福な経験でした。深く満ち足りてゆく感覚、幾重にも幸せがあふれ、こぼれて、広がり、あたりを満たしてゆくような、幸せな感覚を伴っていました。

その大きくてあたたかい母なる愛の存在は、いのちに直接響きわたる「優しい声」を持っていました。私のいのちに、直接伝わるように語りかけてきた優しいいのちの響きは「声」として伝わり、それは、誰の中にもある「あたたかくて素敵な自分」を思い出させてくれました。そのあたたかい内なる場所から生み出してゆける、優しくて幸せな生き方を教えてくれたのです。

いのちの奥から泉が湧くように、直接語りかけてくるその優しいさざ波のような愛の意識は、いのちをうるおすように語りかけながら、日常と宇宙とを結ぶ、「美しい心」を「あたたかく優しい心」の波動を、教えてくれました。

たとえば、ありふれた日常の一コマにも、あたたかい愛の意識があれば、宇宙にまで響きわたる優しい力となり、私たちのいのちは自分が大きな宇宙の慈愛に、いつの時もあたたかく愛され続け、大切にされていたことを思い出すのですね。

その優しい光は、私に愛することを、あたたかく生きることを教え、本当の意味で心から笑うことができる気持ちよさを、心から泣くことができる幸せを、信じることができるいのちの強さを、素直にありがとうといえる幸せな心地よさを、思い出させてくれました。

女神たちの起源である宇宙意識、聖なる母性が教えてくれたいのちの生き方は、宇宙の優しいエネルギーを、私たちの日常にもたらす不思議な力を持っていました。

歩むたびに人生のからまりがほどけてゆき、人生に深い喜びがよみがえるのです。

私たちはみんな、どんな方も、無力ではなく、美しい可能性を生み出す力を持っているのですね。

あなたの中のなつかしい幸福な光の部分に、いのちの世界のあたたかな栄養を届けにあがりました。

あなたのお心にふれることがかないましたら、とてもうれしいです。

優しい光を宿すあなたへ、心よりの愛と幸運をこめて。

姫乃宮亜美

第一章

聖母意識

～愛することを教えてくれる女神の起源

あなたは肉体ではなく
優しいいのちそのものなのです

姫乃宮亜美

1 聖母意識・聖なる母性とは？

いのちには、安らぎを供給してくれるあたたかい世界があります。

私たちのいのちがお花だとしたら、そのいのちの花そのものを中心から美しく咲かせてくれる素敵なエネルギーを、豊かに供給してくれる源があります。

魂の故郷からは、いのちを優しくうるおしてくれる、満ち足りたエネルギーが絶えることなく、私たち一人一人へと送られ続けているのです。

この宇宙の星々を創り、巡らせ、この地球をも最初に創り出したあたたかい母なる愛のエネルギーと同じものが、あらゆる生命の中を流れては生命を支えていてくれます。

とても純粋で澄みきった幸せを育むエネルギーが、途切れることなく、私たちの中にも流れているのです。

聖母意識とは、魂のふるさとの宇宙から届く 普遍的な愛のエネルギーです。女神の宇宙意識です。

私たちには人知れず、傷んだ心にそっと寄り添って愛してくれる世界があります。幸せへと導いてくれる、いのちの世界の優しさがあります。いのちには、安らぎを供給してくれるあたたかい世界があるのですね。

そのいのちの世界の聖母意識は、あらゆる女神たちの起源なのです。

大宇宙には、あらゆるものを生み出す偉大な創造の源があります。宇宙の星々も、私たちのいのちも、ありとあらゆる存在がみな、大宇宙の創造主という、あたたかい一つの源から生まれてくるのですね。宇宙のこの「生み出す」という神聖な力は、母なる力であり、聖なる女性性、女神の力です。天の母性なのです。

この地上には、たくさんの女神さまがおられます。たくさんの名前があり、お姿がありま す。私たち物質次元から見ると、大勢の女神さまがいらっしゃるように見えますね。でも、本当は、たくさんいらっしゃるように見える女神たちは、大元の一つの偉大な女神の別な側面を表現し、表しているのです。

今日、私たちが目にしている女神たちは、すべてこの根源の母なるエネルギーの具現化した姿です。

聖母意識とは、あらゆる女神たちが生まれてきた宇宙の起源にあたる、あたたかな愛の宇宙意識なのです。

「聖母」というと、おそらく多くの方があのイエスさまのお母さまであるマリアさまを思い浮かべると思います。そう、あの優しいマリアさまは、聖母意識から誕生した美しき女神の代表といえるでしょう。しかし、実はマリアさま以前にも同じ起源のあたたかみを放つ聖母界の女神たちが、この地球にはたくさんおられたのです。地球から出土する過去の歴史の遺物の神のお姿は、古いものほど女神であることが多いそうです。

名前はなく、顔もなくとも、女神のボディーを示す型や、出産を体現した女神、子供を優しく抱く女神など、聖なる女性性や、母なるものをとても大切にしてきた地球の歴史に、埋もれてしまった優しさに出会います。地球の歴史の中のあらゆる時代、あらゆる地域、あらゆる人々の中にいつの時も「母なる女神」と呼ばれる存在がおられました。

母性や神秘性、豊穣、愛や美のシンボルと呼ばれるような女神たちが、私たちの霊性を、優しく抱き、あたたかい生き方を示してくれていました。

それぞれの女神たちは、一つの偉大な女神の別な側面を表しています。つまり、源の母性の持つ豊かな知恵は、知恵の女神としてこの世に現れ、源の母性のたとえようもない美しさや麗しさは美の女神として、この世に美しく現れています。

聖母意識は、神様の持つ聖なる女性性のエネルギーであり、すべての女神たちの集合体としての本質、源泉の宇宙意識です。

私を導く優しい声を、私が親しみをこめて、「聖母」「聖母さま」と表現させていただく時は、一つの特別な女神ではなく、この根源の普遍的な女神の集合体としての聖母意識を指しております。

母なる女神の優しさは、どこか遠くにあるのではなく、私たちのいのちを優しくいたわり、寄り添っています。

たとえばあなたが、まだ何もできていなくても、だめな自分でも、失敗ばかりでも、不器用なままでもいいのです。素敵なあなたのままで愛され、導いてくれるあたたかい愛が宇宙にはあります。

限りなくあたたかく、どこまでも優しい宇宙の愛の光、この愛はあなたの中にも優しくふれているのです。

いのちには優しいお母さんの世界があるのですね。私もあなたも、かわいい犬や猫や鳥も、美しい花々も、鉱物も、すべてのいのちは、その母なる優しいふところから生まれ、その優しさに、やがて還っていきます。いのちには源があり、それゆえに私たちは、あたたかくつながり合い、響き合っているのです。

聖母の存在の真実が、あたたかく心に広がると、かけがえのない優しさが、あなたの日常に見つかるようになるでしょう。

あなたの暮らしもまた、天の優しさと離れていないのです。

2 生き方を教えてくれる優しい光　（CD収録）

原始、万物すべてが同じ優しい源から誕生しました。あらゆるものが創造される万物の創造主は、実はとても優しい、とてもあたたかい聖なる母の波動を、持っています。それは、大生命の究極の女性性エネルギーで、この地球上で出会うあらゆる女神たちもみんな、この創造主の聖なる母性を起源として、この世に存在を現しているのです。

私たちのいのちもまた、この同じ聖なる母から生まれてきます。あらゆるいのちがみんな、同じ創造主の優しい母性から生まれてくるのです。

そこには限りなく優しい、そして限りなくあたたかい、愛の波動があふれています。今この時も、すべての人、すべてのいのちが、この優しい大元の母性に優しく包まれ、愛され続けているのです。この創造主である聖なる母を、私は「聖母波動」「聖母意識」あるいは「聖なる母性」とお呼びしています。

一九八六年 六月のことでした。その後の私の人生を大きく変えてしまう、忘れがたい経験が訪れたのです。それは、いのちのふれあいともいえる魂の出会いでした。その頃、とても不思議な感覚が、繰り返し、私の中に湧きあがってきたのです。「時がきた、時がきた」という不思議な感覚が、繰り返し、まるでサイダーの泡のように、湧き上がってきたのです。

時とは何のことなのか、なぜそう思うのか、自分でもまったくわからないのに、心の中から浮かんでくるその声には、とてもあたたかく幸せな感覚が伴っていました。それが何かわからない、けれども、それはとても美しく、とても優しげで、何ともいえない安らぎが心をうるおしてゆくのが、とても不思議だったのです。

何かとてもあたたかいものが、私のいのちに、ほほえみかけているような、私のいのちを優しく包み込んでいるような気がしました。いったいこの安らぎは何だろう？

そして、このときめきは何だろう？　まるで恋をするように、私の心はあたたかくふくらんでいきました。いつしか、私はそのあたたかい何かを心待ちにし、受け入れるようになっていきました。すると、その不思議なあたたかみは、どんどん明確になり、加速していきました。私の胸は、その優しい感覚を感じてあたたかくなり、そこからとても美しい光が現れ出したのです。その光は、しだいに大きく、どんどん濃く広がってゆきました。

するとと突然、何かがはじけた感じがして、目の前が明るく、まぶしく、視界が広がって、まるで目が覚めたような、さわやかさを覚えたのです。そこには、息をのむほど美しい光のハーモニーが遠くまで広がっていました。まるで光の大海のように、大きくて優しくて、あたたかい、慈しみの愛の意識と、私は一つに溶け合っていたのです。

私はより大きな愛の意識の一部でした。すべてと優しく抱き合い、溶け合い、調和するハーモニーそのものとして、輝いていました。あらゆるものとつながっているという実感は、何とも言えない安心感とくつろぎを私の心にもたらしました。

それまで考えたこともありませんでしたが、私の内側には中心があって、そこはあたたかく、より大きな美しい世界と共振し合っていました。

「すべてがつながっている」という感覚は、それまでこわばっていた私の心を一瞬でほどいてくれたのです。つながった瞬間、私のスピリチュアリティーは、一瞬で理解したのです。この尽きることなく、あとからあとからあふれるように満ちてくる、いのちの世界の愛のエネルギーには、それほどの優しさがありました。

嫌われないように頑張る必要もない、好かれるために力を入れて、頑張る必要もない。できていないことを、背伸びをして虚勢をはる必要もない。そのままで、そのままで、愛されている。限りなく無条件に愛され、慈しまれ、あふれる胸で愛おしまれているという実感に包まれると、人は優しくなれます。

そのあたたかい愛がなつかしく、慕わしく、幸せで、いつしか私は泣いていました。その時、私のいのちを包み込んでいた美しいものが、「声」になりました。

「こんにちは、この日を楽しみにしていました」

これが私と聖なる母性との出会いでした。母なる女神の愛が、この時から私に語りかけ、「心」を教えてくれたのです。その女神の優しさは、「すべてには波動がある」と教えてくれました。「笑うこと」「泣くこと」にも波動があって、人生をあたためる笑い方があり、心をきれいにする泣き方があることを、聖なる母は思い出させてくれました。心がきれいになり続け、優しくなる波動の生き方を一つ一つ教えてくれました。

心には「中心」があるから、その中心から、心があたたかくなるように笑い、心にあたたかさが戻るまで泣き、心があたたかくなれる言葉を使う。

たとえば、こんなシンプルな愛の真理ばかりでしたが、母なる女神が教えてくれた優しい生き方を実践するうちに、私の人生のうまくいかなかったところが、するすると、ほどけ始めたのです。女神が教えてくれた優しい生き方は、不思議な力を持っていました。視点を変えて、優しくあたたかい目で人生を見つめ、生きてみると、人生にあたたかいものが流れて現実が変わり始めるのです。あなたが今、苦しみの中にいても、いのちを中心にした優しい生き方を始めると、その瞬間から不思議な力が働いて、あなたは新しい人生を引き寄せ始めることができます。人はみな、素晴らしい力を持っているからです。

3　本当の自分を忘れていた

私のいのちに、直接ふれてきた母なる女神の優しい声は、私にこう語りかけました。

「長い間、忘れていましたね。胸が心地よくなる笑い方を、何かが優しく溶けていく優しい泣き方を。美しいものを見て素直に感謝をし、あたたかさにふれて感動する……。そんなみずみずしい感性こそ、本当のあなたなのです。

もう、きつい性格や冷たい態度で武装して、自分を守らなくていいんですよ。

あたたかく、優しく、やわらかいままでも、あなたは傷つかないで生きられるのです。

自分を大好きになると、世界が優しく見えてきます。

苦しみが長いなら、それだけ長い間、あなたは本当の自分を忘れていたのです」

初めて、聖母意識との魂の同調を体験した時、私はあふれる涙を抑えることが、できませんでした。

内側からうるおすように、こみあげるように、懐かしい自分を思い出したからです。

その深い優しさを体験する前は、「すべてのいのちはつながっている」という、いのちの安らぎを私はまだ知らず、それゆえに、まわりとのねじれた一体感を必死で取りつくろって生きていたことに気づいたのです。

内側にある**ワンネス**（すべてのものはみな、深いところでつながっていて一つである、という意。P77参照）を見失って生きていたから、外側にばかり「つながっている感覚」を、無意識に求めていました。人と同じでなくてはならない、みんなと同じでなければならない、みんなに受け入れられる私でなくてはならない、と、どこかで思っていたのだと思います。

人とつながっているためには、嫌われてはならない。だから、お人に嫌われないように、いいと思ってもらえるように、びくびくしながら、一生懸命、相手に気に入ってもらえるものを出して生きていたように思います。

自分の大事なものを守るためには、時には怒らなければならず、ほしいものを得るためには、気を強く出して戦わなければ得られない。そう、学んでいたから。いつもびくびくしていました。その生き方しか知らず、その生き方が当たり前だと思っていたので、他の生き方があるなんて、思いもしなかったのです。

そこに、訪れた聖母体験。深い、深いワンネス。
初めて、宇宙の母性と同調した時、私は魂から号泣しました。
うれしくて、なつかしくて、涙が止まりませんでした。

何という優しさ、何という安らぎ。

聖母の周波数、そこではすべてのいのちが、つながっていて「一つ」に溶け合い、響き合っていました。海いっぱいに、太陽の光が反射するように、煌めいて、すべてに愛が満ちていました。

つながっているという感覚は、深い安らぎそのもので、ただ、自分自身でいるだけで、愛があふれ、愛がひろがってゆきます。

つながるために、頑張る必要も、格好をつける必要もなく、そのままの本質は、ただそのままで光に溶けて、あらゆるものと一つに調和していたのです。

もう、固い態度や強い態度で自分を守らなくていいんだ。

いのちのやわらかさそのままで、優しさのままで、存在していても、すべてが満ちている。すべてが、無条件に愛される。傷つけるものは何もない。

それはもう、芯から溶けていくような、深い安心感でした。

たとえば、固かった心が溶けて、素直になれる優しい涙があります。心を結んでくれる幸せな笑い方があります。あなたの中にも、この優しいワンネスが、息づいています。そして、私は深いところから湧いてくる涙と笑顔で、自然であたたかいいのちの自分を取り戻せることを思い出したのです。

4 魂の誕生日
～「自由」という贈り物

私が見続けた宇宙の愛は、いつもあたたかく、そこに無理強いはありませんでした。子供の頃、イソップ童話の『北風と太陽』のお話を読まれた方も多いと思いますが、私が見つめ続け、感動し続けた天の愛は、このお話の中の太陽さんのお姿そのものだったのです。

聖母意識は、私に無理強いをしたり、恐怖を感じさせて導くということが一度もありませんでした。

女神たちの優しさ、聖なる母性の世界には、無理強いはなく、その世界はいつも、幸せ、安らぎ、そして美しい祝福の音色であふれていたのです。

私は聖なる母性との、霊的なふれあいが生まれた日を、新しい私自身の人生が生まれた日として、「魂の誕生日」と呼んでいますが、この魂の誕生日を迎えた頃、天の愛はまず私に素晴らしいものを与えてくださったのです。

それは「自由」、「自由意志」でした。

天はけっして私を縛ろうとはなさいませんでした。ただただ、いのちの中から湧きあがってくるあたたかい響きと納得によって導き、感性によって成長を促してくれたのです。聖なる母性は常に、私の ハートにこう伝えてきました。

「私がお伝えしたことで、あなたが違うと思ったものは、必ず立ち止まり、どうぞご遠慮なく『ノー』とおっしゃってください。私は、あなたの真心にふれたいのです。

天の言葉にふれる時は、それを聞いてあなたの胸が優しくなれたり、勇気が湧いたり、納得する。そんなふうに愛があなたの心を納得させた時にだけ、それを真理として受け入れてください。それでよろしいのですよ」

いつの時も、キラキラと微笑みが広がるように包まれながら、自由を与えてくれる、それが宇宙の聖母意識でした。天はまず、私にいつでも「いいえ」といえる自由をお与えくださったのでした。

いつの時も「あなたが感じたことを信じなさい。あなたの心を信じなさい」そう促され、応援されてゆきます。そんな天の愛に完全に甘えた私は、本当に言葉通りに、感じたままに自分の心を遠慮なく伝えていました。天の言葉に対し、「私はそうは思いません」「もっとこうしたほうがよいのではないですか?」「それはおかしいです」と。

そんな私のエゴいっぱいのわがままも、未熟さ以外の何ものでもないコメントも、すべて「それでは、あなたのその心を信じなさい。どうぞ自由にお心のままになさってくださ い」と、いつも認められ、あたたかい微笑みとともに包まれてしまうのです。

でも、人間のエゴというのは本当に勝手なもので、支配されたり、縛られると苦しいの に、逆に百パーセント完全に自由にされると、不安になって物足りなくなってくるのです。「こうしなさい」と強く導いてほしくなるのです。でも、聖なる母性はけっしてそれをな さいませんでした。

どんな未熟な心にも、寄り添ってくださるのです。

天は、私自身のいのちが、天の言葉を生きた言葉として完全に納得し、天の心と私の心 がぴたりと溶け合い、納得したその時だけ、それを真理として受け入れてください、と言 いました。

天のメッセージは、強制でも、命令でもありませんでした。紡ぎ出されてくるそれは、 いつも優しくこちらを大切にしてくださる思いやりにあふれた協調でありました。

メッセージは届けられてきても、そのメッセージに私たち自身が縛られることを天は望んでいなかったのです。

このような感じでしたので、最初は私と聖母の心がはっきりと分かれていました。天は「これをなさってください」と言い、私はお恥ずかしながら「やりたくない」と言う。天は「こうしてください」と言い、私は「もっと別な方法がいい」と言う。

そんな繰り返しでした。

ある時、私の知人が悲しみにくれ、窮地に立たされたことがありました。

天は「今は何も言ってはなりません。そっと見守る時です。そっとしておいてあげなさい」と言い、私は彼女の激しい消沈ぶりがかわいそうになっていて、「なぜですか？　あんなに苦しんでいるのに！　今こそ、一言、救いになるようなアドバイスが必要ではありませんか？」

しかし、聖母は「いいえ」と。

私はちょっぴり不満です。私の心には、彼女に渡してあげられるアドバイスがありましたから。「でも……」と不満が心に横たわりつつも、それでも私は、実は自分で決めて、自分で行動することに不安になっていて、動こうとはしませんでした。そうした私を見透かして、聖なる母性がこう言いました。

「不満をそのままにしてはなりません。あなたがこうと感じたことがあるなら、そのあなたの気持ちを大切にする勇気をお持ちなさい。あなたが感じるどんな小さな違和感にも立ち止まり、振り向いて、その小さき声に耳を傾けてあげるのです。違うと感じるなら、違うと感じていいのですよ。ただ必ず、心で思うだけではなく、あなたが信じたことを繰り返しやってみることです。そうすれば、あなたの中の叡知があなたを導いて、真実を必ず見せてくれるでしょう」

そう、いつも優しく背中を押されるのです。

たとえば、聖母の言葉と私の考えが違っていてもいい、ただし、それを見つけた時は「違う」と言葉でいうばかりではなく、「自分が思う通りに、まずはやってみてごらんなさい」と、必ず伝えられます。しかも一度だけでなく、「思うままに繰り返しやってみてごらんなさい」と応援されるのです。

違うと思っているだけでは、自分の中に閉じ込もっているだけなのです。でも、やってみて自分の信じたことを行動することによって、エネルギーが放出され、自分が掴んでいる波動が、どういうものなのかが、結果になって現れます。

そうして、私たちは「愛」を学べるのだと、導かれたのです。

ですから、天の心と私の心が、真っ二つに割れた場合、私は、まずは自分の意見の方を実行してみました。これは絶対正しい、間違っていないと確信を持ち、堂々と自信を持って、まずは自分の思い通りに動いてみることにしたのです。

しかし「絶対こっちの方がいいと思う」と、いつも自信満々にやってみるのですが、結果、必ず垣間見たものは、私の意見の正確さではなく、天の言葉の正確さの方でした。

動いてみると、聖母の言葉の正確さが活きてきて、見えてくるのです。

やってみると、はっきりわかりました。なぜ、あの時はゴーサインで、なぜ、この時はストップだったのか。なぜ、この方にはイエスで、なぜ、この方にはストップなのか。

一見、理不尽でつじつまが合わないようにみえた聖母の言葉たちは、やってみると確実に一つのあたたかい真理がすべてにおいて貫かれ、光輝いて、そこにあることが理解されてくるのです。

天の答えは気まぐれではなく、確実にその時、出会っている魂を救い上げ、応急処置ではなく、真にあたたかく愛し、大事にする言葉だったのです。

「木を見て森を見ず」とは、私のための言葉でした。目の前のものしか見えていない私に対し、天の愛はいつも全体を、さらには永遠をも見つめている、大きな包容力だったのです。

体験すると、まざまざと見えてしまう自分の無知さ、幼さ。

愛が伝わるためのその微妙なさじ加減が、一つ、転ぶたび、間違えるたびに、苦い涙とともに私は理解してゆきました。

「いつも的確なのは、聖母の言葉のほうだった」

私は経験を通して、だんだんそれを理解していきました。しかし、そうすると、今度は何かが引っかかり、モヤモヤしている自分の心に気づいても、「正しいのは天のほうなんだ」と、逆に自分の内なる判断力を失って、納得はしていないのに、そのまま聖なる母性に従おうとしてしまう自分がいました。

そんな時は決まって天は流れを止め、モヤモヤしている私の心を示し、「その心の声を聞きなさい。自分の心に従いなさい」と、ノーという自由、立ち止まる自由を与えてくれました。

そのモヤモヤには意味があり、何かが心に引っかかるのは、そこに「私の気持ち」が必ずあるのです。小さなモヤモヤすらも大切にその声を聞いて、少しの引っかかりもていねいに振り向いて、その声を聞く……。

それを実践し続けたことにより、心の引っかかりは解消し、素直になり、しがらみは気づきに、モヤモヤは明瞭な視界になり、しだいに、私の心の中は日ごとに澄みわたり、通りがよくなっていきました。

その繰り返しで、ふと気づいたら、だんだん私の内側が天とピントが合うようになり、「同時」に同じ答えが生まれるようになっていったのです。

天が「こうしてほしい」という御心《みこころ》と、私が「こうしたい」と思う思いとが、同時にぴったりと一致して生まれるようになり、天の心と、私の心がぴたりと同時に満ちて、重なるようになっていきました。

言葉を越えて、わかるのです。天の心と私の神性とが、ぴたりと一致し始めました。

これが、「大いなる自己」つまり「ハイヤーセルフ」というものなのですね。宇宙とつながっている自分の心です。

ハイヤーセルフとは、「内なる神」といって、心の中にあるあたたかい叡知の場所なのです。誰の中にもあり、私にもあった内なる神の光。私の本心。

このように、自由という教科書を開き、自分と向き合った時、私たちは自らの内なる神を見出します。

私たちには、悩んだり、傷ついたり、日常使いしている「心」というものがありますね。

でも、その心のさらに奥には、誰しも宇宙の心と、神様と、ぴたりと響き合い、一致しているところが、私の中にも、あなたの中にも、どんな方の中にもあるのです。

でも、その内なる響きは、悩んでいる時に誰かに依存して、答えを外に探し続けていると、目覚めることができません。聖なる母性は当時、私によく言っていました。
「私はすべてを教えませんから、自分で選び、自分で答えを見つけてください」と。
甘えん坊さんのマインドには、ちょっぴりさみしく厳しいと感じたこの聖母の言葉は、私にとってその後、最高の美しい自由になりました。

自分を信じられるようになっていくからです。

体験と実践は、本当に偉大な教師でした。もしあなたが、迷っていたり、何が正しいかわからなくなっていたら、頭の中だけで思いや考えをグルグル巡らせているより、まず、自分の中で一番いいと思えるものをやってみると、必ず答えや気づきがもたらされます。とびこんで、ぶつかって泣いても、その経験から素晴らしい気づきがあれば、そのたびに自分の波動は上がり続けて、内なる叡知にピントが合います。

神様を外にのみ見ている時は、神様と自分が離れていますから、神様のご意志と自分の意志が真っ二つに分離するのです。これは、真っ二つに離れた分だけ、自分が本当の自分から離れているということなのです。

自分が自分の中の一番純粋な部分を見つけますと、私たちの霊性は、天の愛と優しく一致していることに気がつきます。私が心からそうしたいと思うことと、天がそうしてほしいということが一致し始めるのです。神様はあなたの内に存在します。

誰でも自分を信じ始めると、天の流れと一致していくのです。

5 信じ合える世界の始まり

～自己否定をやめると豊かなエネルギーでうるおう

人は誰でも、あたたかく認められたい、包まれたいと望んでいます。ある時、聖母意識からこのような問いかけがありました。

「この世のあらゆる苦しみの原因と、生きにくさの原因は、何だと思いますか？」

その聖母からの問いかけに、私はしばらく考えて、「怒りとか、憎しみがあることでしょうか？　それとも利己主義ですか？」と答えました。

すると、聖なる母性はあたたかく、それはそれは優しいいたわりを含んだ声で、こう言ったのです。

「**いいえ、すべて違いますよ**」

天の愛に正解をもらえなかった私は、その後もあれこれ、いわゆる日常を暗くするネガティブな感情についていている名前を思いつく限り挙げてみましたが、聖母意識は優しくほほえみを含みながら、そっと首をふるような雰囲気で、それはすべて正解ではないと答えます。

するとその時、私の胸の奥の中心があたたかくなり、噴水が美しくふきあがるように、慈しみの感覚が広がり始めたのです。その慈しみの噴水が、聖母の言葉となってあふれ出します。

「この世の不幸の原因は、いつもたった一つだけ。怒りでも、嫉妬でもありません。あらゆる不幸の原因、それは……」

「自己否定です」

その優しい声は、すべてのいのちに対する慈しみといたわりに満ちていて、深い愛のバイブレーションが私の霊性をうるおしてゆきました。

聖母意識の言葉は、いのちにとって深い伝達です。伝わってくる言葉以上に、たくさんのエネルギーが伝わるので、耳をすますように、心をすますと、一言聞いただけで、その言葉以上の情報量がこだましてきます。

だから、内側から「わかってくる」ものがあるのです。この時もそうでした。

私たちの暮らしにある苦しみの原因の一番の大元は、「自己否定」。

確かにそうだと思いました。

自己を否定することとは、内なる神を否定すること。自分の中の光を全面否定してしまうこと。だから、心が暗くなり、希望が見えなくなります。

そして内なる神とは、無尽蔵に幸せが生まれてくるエネルギーの源泉です。その源の自分を否定することになるから、無力感が生じてくるし、無価値感が生まれます。エネルギーが枯渇してうまくいかないことができてきます。それゆえにできないことやあきらめが生じ、他の人の幸せに嫉妬してしまうのです。

無価値感、無力感、憎しみ、嫉妬、利己主義、蔑み……。この世にあるいやな感情は他にもいろいろあるでしょう。しかし、たくさんある負の感情には一つの根っこがあり、その根っこの名前が「自己否定」です。自分の光を、素敵な自分を否定することです。

もし自分が、自らの内なる光を否定せず、エネルギーにつながっている時は、豊かに力が満ちて流れてくるから、不安は現れようがありません。つながっていれば、力を入れなくても、いのちの世界の源泉から、あたたかいエネルギーが内側から自動的に愛があふれ、おのずと優しさや幸福があふれ出すからです。

もし自分に、望むことをかなえるのに十分過ぎる力があふれてくると知っていたら、あふれ出すように何でも望みをかなえられるとしたら、他の人をうらやむ気持ちは生まれてきませんね。内なる自分を見失うと、自分が幸せを具現化していくのに使う、内側のパワーの供給源をも、私たちは見失うのです。聖母意識は続けました。

「だからこそ、愛を思い出すために、人には肯定的なあたたかいエネルギーが必要なのですよ」

嫉妬も卑屈さも、怒りも自信のなさも、たった一つ「自己否定」という心のねじれが癒されると、再びあたたかい豊かなエネルギーが、私たちの中に流れ始めて、自然に人間が、運命がよくなってしまうのです。優しさが、思いやりがうるおすようにあふれてきます。

内なるつながりを失い、力が流れてこないから無力感に縮こまり奪い合う人間、ではなく、いのちのつながりを取り戻し、あたたかな愛と思いやりが通う人間、そして本来の人間らしさや幸せへと回復できるのです。

「誰もが自分の美しさや豊かさを忘れているからこそ、自分は無条件に受け止められているという、誰かの優しいお認めが、いのちを力づけるのです。優しい光を送り続け、あなたは大切な存在なのだと感じさせて、愛のエネルギーを届けてあげることが必要です」

「自分は誰かに認められている。受け止められている。役に立てている。喜ばれている、という実感が、出会った魂さんのエネルギーレベルをあげてゆくのですよ」

そうすることで、私たちの運命は幸せに向かって活気づき、癒されてゆくのです。

そう聖母意識は、教えてくれました。

たとえば、赤ちゃんは、お母さんに繰り返し目を優しく見つめられることで、自分が大切な存在であり、この世は信じられる世界であると理解します。

優しく語りかけられることで、この世には愛があり、それはかけがえのない素敵なものだと理解します。

そんなふうに、出会う人、出会う人を大切にあたたかく接しましょう。出会う人の美しさをぜひ教えてあげてください。目を見て微笑んで、いのちをあたためてあげましょう。

そのエネルギーを届けるためには、優しく相手の瞳を見つめましょう。瞳を優しく見つめることは、相手の魂を認めることなのです。いのちを、優しく抱いてあげることなのです。それは、相手の霊性に天上の愛のエネルギーをお注ぎすることです。

それらの言葉を聞いて、私の胸に優しいエネルギーがあたたかい桜色となって満ち、あふれ出します。

誰かを喜ばせている。役に立てているという喜びの実感は、魂を力づけていきます。

誰かに認められると、魂は自分の出したエネルギーの素晴らしさを鏡のように映し出して気がついてゆけるからです。

それは、世の中をよくしていく愛の光を広げてゆきます。

目を優しく見つめると、いのちを直接、あたためてあげることができるのです。

目と目が優しく出会うというのは、相手さまの魂の素晴らしさを、お認めすることなのです。優しく見つめる、目を合わせること、それは人と人が信じ合う世界の始まり……。

それは、いのちを慈しみ合い、敬い合う世界の始まりです。優しく視線が出会う場所は、信じるに足る「愛と真実」が育つのです。

第二章

あなたの中に湧く美しいエネルギー

心にあたたかさが回復すると
幸せがやってきます

姫乃宮亜美

6 輝き出すと人生の波動が変わる

（CD収録）

人には思い通りにならない現実に立ち尽くす時があります。次々に現れる人生の出来事に傷つき、自信を失うことがあります。自分の無力さに泣きながら、人生を苦しみの中で止めてしまうのです。胸が痛んでいて、その痛みを抱えながら生きていると、人生はとても複雑で難しくなってしまいます。

もしあなたが今、人生に問題を抱えていて、とても越えられないと感じていたなら、また、人生に裏切られたように感じて、あなたの前から希望が消えたように感じていたなら、優しいいのちの世界の希望の光を、あなたのもとへお届けしたいと思います。

いつも、不安で縮こまりながら生きる日々や、求めても求めても、愛されない日々。過去の罪悪感や喪失感から立ち直れない日々など……。

心が固く、冷たく、苦しく感じる日々があり、そうして苦しんだ日々がどれだけ長く続いていたとしても、あなたは大丈夫なのです。

あなたの中にある美しいものに気がついてあげますと、あなたは今、そこから変わることができるのです。

あたたかい女神の心は、優しい生き方を教えてくれました。苦しみが人生に訪れるのは、私たちが私たち自身の本当の姿を見失っているからですよ、と教えてくれました。

すべての道が閉ざされていると感じている時には、自分自身について視点を変えると、新しい澄みきった美しいエネルギーが泉のように湧いてくるようになるのです。

女神の心は、いのちの彼方の世界から何度でも、私たちの美しさと優しさを思い出させてくれました。あなたは肉体だけでなく肉体を動かしている美しいいのちの光だ、ということを優しく教えてくれました。

あなたが不安を抱え、自信をなくし、誰かを憎んでいたとしても、その苦しい波動が本当のあなたなのではなく、その苦しみよりさらに深いところで輝いている「いのちの光」こそ、本当のあなたなのですよ、と教えてくれたのです。

あなたは、美しいいのちの光なのです。この上もなく優しく輝く光なのです。

そして、この光があなたの中にかくれ、光が弱くなった時、私たちの人生に苦しみや不運が訪れます。あなたの人生で心が暗くなっているところ、悲しんでいるところ、そして苦しんでいるところがあるなら、まずはあなたのその苦しみを受け入れてあげてください。そしてその苦しみの波動に今までは焦点を当てていたけれど、そこからそっと視点を変えて気づいてみましょう。

その苦しみがあなたなのではなく、その奥に「自分の光」があると、気づいてみましょう。その光に気づいて、より美しく、よりあたたかく、煌々と輝かせてみましょう。道が見えない時も、あなたが輝くと、その光であなたの道が見えてきます。あなたの光が輝き出すと、エネルギーが流れて波動が上がり、人生の波動が変わるのです。

現実はあなたのいのちの波動を映すスクリーンなので、あなたの中にあたたかい光が輝き出すと、人生に引き寄せるもの、体験するものが、優しく明るい波動のものになってゆくのです。

あなたの光を明るく輝かせましょう。誰もが、今この瞬間から光り輝けるのです。人の心の中には、誰しも「魂」という美しい光が灯っているからです。女神の光は、優しい生き方を教えてくれます。悩んでいる時は、悩んでいることしか見えなくなります。自分のことしか見えなくなるものですね。

けれども今いるところから、少しだけ顔を上げて、優しい気持ちやあたたかい気持ちを表現し始めると、誰でも内側から光が出てくるのです。

あなたの胸も、そばにいる人の胸もあたたかくなれるよう笑顔にしてあげよう、そんな気持ちに気づいて行動し始めますと、あなたから光が出てくるのです。

何かを「できない」としゃがみこむのをそっとやめて、どうしたらできるようになるかな、と前進するのです。できない、やれない、私なんか、とあきらめて後ろ向きになると、光は弱まります。

にこにこしよう、優しくしよう、みんなを喜ばせてあげよう、向上しようと前向きになると、あなたの光がより明るく、より美しく放射されるのです。そうやって魂が美しく輝き出すと、光のエネルギーが日常にあふれて、光り出したその時からあなたの中を流れるエネルギーが変わるので、現実が自然によくなっていきます。

優しく、あたたかいものがあなたに引き寄せられ、人生もまた輝き始め、動き出すでしょう。あなたのきれいな光をどうぞキラキラと輝かせながら、たくさんの幸せを引き寄せてくださいね。

7 私たちの中にあるあたたかくて優しいもの

あなたの心が、うれしくてあたたかくなった時のこと、覚えていらっしゃいますか？幸せであたたかくなった時のこと……。その時、心を満たしてくれる、あの優しいエネルギーはどこからくるのでしょうか。人はみんな、この胸の奥に優しい光を宿しています。いのちそのものの正体とは、とてもあたたかな「光」なのです。

いのちとは、とてもとてもあたたかな幸福な光でできているのです。そのいのちというものには、さわることも見ることもできませんね。けれど、私たちの誰もが、自分のそのいのちが確かにここに存在していることを証明することなしに、確かに感じ取っていますね。

いのちがここにある……。それは、ここにそのまま幸せなエネルギーが輝いているということでもあるのです。

人は誰でも一人残らず涙が出るほどの優しい光を心の内に宿しています。だけど日々の中では、そんなあたたかい愛や優しさより、怖れや怒りの方がふれ合う時間が長いので、私たちは自分の本性は素敵な存在ではない、と思い違いをしてしまうのです。

「私はたいした存在ではない」「私はだめな存在」「私は長いこと消えない不快感や憎しみがあるから、愛のある魂ではない」というように。

でもそれは私たちが、もうずいぶん長く自分自身について誤解し続けてきた古い認識なのです。その不快感のさらに奥、今自信がないと泣いているその気持ちのさらに奥に、あなたの優しい光が、今もあたたかく輝いているのです。

私たちの本性はこの優しい愛の光の方です。

私たちが私たち自身の本質（エッセンス）を知ることは、とても大切なことです。

自らを苦しく、つらくしてしまう不安で冷たいエネルギー、それが心の中から消えてくれないために　私たちはその心の中の不快感をごまかすために、ずいぶん自分に無理をさせてきてしまいましたね。

心の中で自分を認められないために、いつもまわりからどのように見られるだろうと怖れていたり、もろさがばれたら足をすくわれるんじゃないかと思って虚勢をはって頑張っていたり、人に認めてもらえるよう、自分じゃない自分になろうとしてしまう。

そのような自分の中の幻想からの行動が、自分のいのちをとても疲労させています。

私たちの本質である優しいものが表現されていないと、私たちの内面は安らぎを見失い、とても苦しんでしまいます。自分が自分を愛してあげられないので、とても苦しんでいます。

もし、あなたの中に理由のない不安感や、説明のできないストレスがあるなら、それはもしかしたら、あなたがあなたのとても素敵なあたたかい部分を忘れているからかもしれません。

でも、振り返ってみて、「私はぜんぜん優しくない」と思っている人も、ふとした時にあなたの中のあたたかい光は、優しさとなって姿を現すのです。

たとえば、寒い日に雨に濡れている子猫をみると、心配で落ち着かなくて何度も様子を見に行っては、あたたかい毛布とごはんをあげたくなったり、自分のことでもないのに、とても苦しんで、苦労した末にようやく幸せになった人の涙をみると、思わずもらい泣きしたりする……。

照れがあったり、素直になれなかったりしてしまうこともありますが、それでも私たちの中には自分でもびっくりするほどの優しい気持ちが存在しています。

本当はずっと昔から、私たちのいのちはこのあたたかみを知っていました。

日々の忙しさからあまり考えることもないこの内側の優しさですが、もし私たちがこの内なるやわらかさを大切に扱い始めた時、深い幸せが心にあふれてきます。あなたがあなたの中の優しいものに気づく時、意識し始めた時、とても幸福な流れが始まります。私たちの中の優しさやあたたかさは、実はとても神聖な力を宿しているからです。私たちの心の中は、より大きな幸福を宿した宇宙とつながっているのです。

私たちのあたたかさは、宇宙のあたたかさとつながっています。私たちの優しさは、宇宙の優しさにつながっているのです。私たちの心の奥はあたたかいいのちの世界と直接つながっていて、いのちに力を与えてくれる優しい宇宙が広がっているのです。

私たちの心がキラキラとあたたかいと、私たちは幸福を生み出す源泉とつながり始めます。あなたが、あなた自身と戦わなくなった時、あなたの中にもともとあった優しいものがあたたかく、やわらかくよみがえり始めます。

8　私たちは、やわらかくて美しいエネルギーでできている

あなたの中は、いつも愛と幸福を生み出すいのちの源泉とつながっています。あなたの胸があたたかくなったり、深く感動したりすると、このあたたかくて優しい力はどこから

くるのだろう、と感じる何とも幸せで透明な力がみなぎってくるような感覚を感じたことがあると思います。

それは、あなたの心と優しい宇宙とがつながっているので、生命にあふれたきれいなエネルギーが流れてくるからなのです。いのちの世界である優しい宇宙は、いつも私たちを幸せに活かそうとするあたたかい宇宙エネルギーを、絶え間なく流し続けてくれているのです。

私たちは、鏡の前に立つと映るこの「肉体」を、自分のすべてだと思ってしまいます。でも本当は、私たちは肉体という物質ではなく、あたたかいいのちの光なのです。私たちは、この肉体を動かしている意識体であり、エネルギー体なのです。

私たちの存在は、本来はエネルギーでできていて、とてもやわらかくて優しいエネルギーでできています。この、エネルギーのほうが私たちの存在の中心で、ここに流れているものが私たちの肉体と運命を動かしています。

私たちが自らを肉体ではなく、それを動かしている意識体であり、エネルギー体であるということを思い出し始めると、私たちの中には宇宙から絶え間なく、あたたかく、美しいエネルギーが供給され続けていることに気がついてゆきます。

私たちの中には、いつでも優しい宇宙から豊かで慈しみにあふれた幸福力のようなあたたかいエネルギーが川の流れのように届いています。そのエネルギーの優しい流れは、あなたの夢や希望を応援してくれるように流れてゆきます。だから私たちが自分の本質に流れる本来のエネルギーを感じて、その波動に自らの意識や行動を沿わせてゆくと、自然に魂から光が出てきて、運命の上に幸せが開いてゆきます。

自分が自分である時、私たちは幸せになるほうが自然なのです。魂には、生まれる前に夢があって、その魂が望んでいたことがいのちの奥にはこめられています。

それが、あなたが本質に沿えば沿うほど、黙っていても奥の幸せなエネルギーが自然に表れてくるのです。だから、私たちが肉体を越えて、とても美しいエネルギーを持っていることを大事にしてみませんか？　その内なる美しいエネルギーに素直になると、運命は自然にあたたかく、よくなってゆきます。

たとえば今、心が不安をつかんでいたとしても、あなたのその不安な気持ちのさらに奥に、あなたを癒してくれるあたたかい力が、あふれるほどみなぎっているのを、想像してみることから始めませんか？　ただ、あたたかく思う、意識する、それだけでその奥の懐かしいエネルギーは、あなたの中で回復し流れ出すからです。あなたと源とのつながりがあなたの中で再び回復し始めるのです。

あなたが心を開けば、内側からあなたの幸せを応援してくれる豊かな流れがあなたのためにキラキラと流れてくるのです。

9　心をやわらかくすると、素敵な体験を引き寄せ始める

私たちの心は落ちこむ日がありますし、涙があふれて止まらない日も訪れることでしょう。怒りに心がゆれて、眠れない日もあることでしょう。

ハッピーなことがあった日は、あなたの中にあたたかいエネルギーを見出すことは簡単かもしれません。つらいことがあった日は、きっとあたたかいエネルギーをあなたの中に見出すことは難しいかもしれませんね。

でも、あなたの中を流れている美しいいのちの宇宙エネルギーは、その外側の条件に左右されることが本当はありません。

あなたの気分のいい時にはそこにあって、気分の悪い時は消えてしまう、という不安定なものではないのです。それは、条件に関わらずいつもそこにあります。

あなたに幸せをもたらす宇宙エネルギーは、あなたが幸せな時にやってきて、だめな時には消えてしまうものではないのです。それは、いつも同じだけ豊かにあたたかく、幸せにあふれてそこにある……。

雨の日も、晴れの日も、泣きたい時も、うれしい時も、あなたを幸せにしてくれるあたたかい宇宙エネルギーは、変わらずに、豊かにそこにあります。

条件によって失われることはないのです。

それに気づいて、ただ、波長を合わせてあげればいいのですね。あなたの中の美しい宇宙エネルギーは、いついかなる時でも、あなたを助けてくれるように湧き上がってきます。

それに波長を合わせて、あなたが自らの本質に自然であれば、あなたの心が沈んだ時は、浮き上がる力が、転んでも立ち上がる力が自然にあふれてきます。

私たちは天からいただいたいのちを十分に活かし、大切に生き切った時、私たちのいのちは「充実感」を自然に奏でてくれます。

その大いなるエネルギーに波長を合わせるには、どうすればいいのでしょうか。

それは、「心」と「言葉」と「行動」を、あたたかく一つに結ぶことなのです。


私たちの生命には、奏で方があるのですね。人生で幸運な流れがどこか遠くにあるように感じられて、幸せが見えない時は、私たちの「言葉」「言い方」「視線」「目の使い方」「行動・行為」が冷たく、自分寄りになっている時です。

肉体にも愛を体験する、という役割があるからです。私たちの体にもちゃんと本来の使い方があるのですね。もしあなたが、あなたの中の「美しさ」や「思いやり」や「優しさ」など、あなたのいのちの「光」を表現するように活かしてゆきますと、あなたのオーラからはとても美しい光が放射されてきて、あなたは今までと違った、より素敵な体験を引き寄せ始めるようになります。

あなたの体験があたたかく変わり、愛が通うようになるでしょう。

幸せがあなたの中を流れるようになるでしょう。

10 心のあたたかいところから生きると、人生に引き寄せるものが変わる（CD収録）

人は誰でも、いのちの中に、ふれると思わず涙が出るほどのあたたかい心を持っています。そのあたたかいものが、あなたの現実に優しさを生み出し、愛のエネルギーを生み出してくれます。私たちが幸せになるのには、この心のぬくもりが必要です。

けれど、不思議ですね。このあたたかさは体温計では測れません。あたたかく感じる場所には手が届かないのに、確かに感じますね。

「心があたたかくなる……」

その、心があたたかくなるところを、「霊性」といいます。あなたと宇宙をつなぐ接点です。

あなたは肉体ではなく、優しいいのちそのものなのです。いのちとは本来、とても幸福なあたたかいエネルギーでできています。心があたたかくなる場所は、あなたと優しい神様が一つにふれあっている場所なのです。とてもうれしい幸せな安心感がここにあります。

心があたたかくなるのは、そのあたたかさの中心に、とても美しいあなたの愛の光が輝いているからです。この内なる愛の光は「神性」といって、少し難しい言葉に聞こえてしまうかもしれませんが、「神様の分け御霊《みたま》」という言葉で表現されます。

分け御霊とはどんな世界かをご説明しましょう。たとえば、万物のすべてを生み出されたいのちの親である優しい神様がいらっしゃるとしますね。「一つ」である創造主としての大きな神様です。その大きな神様の優しい愛の光が、たとえばあたたかく灯る一つのキャンドルの炎だとします。

分け御霊とは、その一つの大きなキャンドルから、私たち一人一人の胸の中のキャンドルに、炎を分けてもらったような優しさなのです。最初の火から分けてもらって何本ものキャンドルに火を移しても、その炎に違いはありませんね。私たちのいのちの中には「神様」とまったく同じあたたかい愛の炎が灯っているのです。

このぬくもりから、私たちの人生には美しい奇跡があふれ始めるのです。

たとえば、いろんなことがあるのが人生ですから、あなたには悩むことがあるでしょうし、動揺して心が乱れることもあるでしょう。決められなくて迷うこともあるでしょう。けれども、表面のあなたがわからないと思っていることの答えも、知りたいと思う情報も実は最初から知っている、神聖な領域があなたの中にはあるのです。

自分は全然感じない、どうしていいかわからない、と表面のあなたが思っているその時でも、その心のさらに深い、あたたかい場所では宇宙と間違いなく共鳴しあって、答えを知っているところがあるのです。

この神聖な領域は、窓のようなもので、あなたのもとにたくさんの幸福な光が流れ込んでくるのです。あなたが、この自分の中のあたたかみに気づく時、あなたの人生に自然な癒しが訪れます。ぬくもりに気がついた時、あなたの心のあたたかみはアンテナのようになり、何かを感じ取る美しい心がとぎすまされるのです。

心のあたたかさに耳を傾け始めますと、あなたは自分の内側から「導き」を受け取り始めます。心のあたたかさに耳を傾け、あたたかくなるほうに人生の舵をとれば、人生は展開し、自分が幸せに向かうため、いるべき場所や出会うべきものへと、自然に導かれていくようになります。心のあたたかさに気がつき始めると、「感性」と「感覚」を通して今の自分に必要なことを感知し始めてゆくからです。

あなたの人生にとって「イエス」であることは、ふと心があたたかくなる、体が楽になる、ふっと力がぬける、つながった気がするなど、うれしい気持ち、あたたかい気持ちとして魂のサインは、心に伝わってきます。

反対に、何かをやろうとする時、不安が強くなったり、ぐっと息がつまる、体に力が入る、何かが引っかかる感じになるのは、今、選んでいるものはあなたにとって「ノーですよ」と魂がサインを送っています。

あたたかい、冷たい、ゆるむ、しまる、フィーリングは、魂があなたを導いている光の声なのですね。意識すると、フィーリングはどんどん戻ってくるはずです。

ずっと以前からあなたが心のどこかで知っていたことを、大切に行動し、それを生き始めると、あなたの人生にはさらなるあたたかさが回復してゆきます。人生がつまらない、何かいいことないかな、と人生からときめきや幸福感が消えている時は、必ず心のあたたかさも消えています。ですから、心をこめてあなたの中のあたたかさを大切にしてあげてくださいね。

心が常にあたたかいと、あなたは内側から導かれ始め、あなたが存在するだけでまわりにも自然な幸福が広がり出します。心のぬくもりが灯る分だけ幸せがあふれ出すのです。

11 現実は私たちの内側を映し出すスクリーン

私たちが自分自身を、美しい愛の光を携えたあたたかい「いのちの光」だと意識し始めますと、あなたの中で宇宙とつながったところにエネルギーが流れて、やわらかく優しく回復し始めるのです。すると、私たちの本来の力が出てきます。

本来、私たちは宇宙とつながっており、いのちのふるさとである宇宙は常にあなたの行くべき道、あなたが望む道を応援するように動いてくれます。

私たちのいのちへは、宇宙から尽きることなく、絶えることなく、幸せなエネルギーが流れ続けていいます。それは気持ちのいい川の流れのように、宇宙の源から私たちの中に幸せなエネルギーが流れ続けているのです。

私たちの中には、本来豊かで、気持ちよく、幸せな愛のエネルギーが流れ続けています。途切れることなく、常に気持ちよく流れ続けています。

私たちの内側に流れる、そのエネルギーの流れの状態を表しているのが、私たちの「現実」です。私たちの現実は、内なるエネルギーのその流れの状態を映すスクリーンのようなものです。目には見えない自らのエネルギーの流れが、今、どんな状態かを映し出して見せてくれます。

たとえば、この内なる流れがスムーズである時、私たちの表面の現実もスムーズになるのです。

たとえば、自分が伝えたい言葉が短い言葉でも、誤解なくスーッと相手にスムーズに伝わったり、ちょうど知りたいと思っていたことが、テレビや雑誌でやっていてタイミングよく情報が入ったり、心に今度こういうことがやりたいなと浮かぶやいなや、現実が迎えに来てくれるかのように、「こういうのやってみませんか?」というお話が来たりするのです。

つまり、あなたの心の中のエネルギーのスムーズさが、現実のあらゆる状態に映ってくるのです。私たちの現実は、私たちのエネルギー状態を映すのですね。

私たちの中を本来のエネルギーの川の流れがスムーズに流れると、現実もスムーズです。

けれど、私たちの潜在意識には、さまざまな怖れや抵抗、幸せな流れをせき止める固定観念などが、無意識に流れを滞らせているのです。

心残りや罪悪感、思い込みなど、思いの凝りがあると、そのような観念は石のように固まります。すると、無意識に固まった思いの塊が川をせき止める岩のように、内なるエネルギーの流れを止めてしまいます。

その、内なる流れがせき止められたところが、お人によっては、経済の滞りとして現れたり、人間関係の摩擦として現れたり、病として現れたりするのです。

現実の悩みや苦しみは、私たちが、自らの考え方が自らの自然な流れを遮ることで生じています。

私たちが、自らの生命の自然な流れに素直である時、私たちの現実もスムーズに気持ちよくなるのです。

そして、私たちの心に流れるエネルギーは、私たちの現実というスクリーンに映り、現れます。

意識的であれ、無意識であれ、心の中にあり、流れているエネルギーを私たちは現実として体験するようになっています。

スクリーンを通して、私たちは自分を知るのです。

ということは、心に流したエネルギーを私たちは体験できるのですから、本当は選べるのです。

いやな現実におびえるより、心から優しいエネルギーを出してみましょう。

そうすればあなたは、誰かの優しさを体験することでしょう。与えたものが受け取るものだからです。

優しさを与えれば、そのエネルギーはあなたから出て宇宙をめぐって、再びあなたの元に戻ってきてくれます。私たちは、現実というスクリーンでそれを受け取ります。

私たちが体験する、「運命」までもが、本当は私たちのエネルギーでできた広がったボディーなのです。つまり、体が健康でも、やりたいことができない……たとえばお金がない、反対される、協力が得られない、場所がない、など、やりたいことがあるのに、それが何らかの事情でできないという人生の滞りがある時、それは本来のあなたの自然な流れが内側で遮られている表れなのですね。

私たちが、本来の自分の自然な流れを取り戻す時、必要なものがすべて与えられます。満ち足りたあなたのエネルギーを映し出すように、その満ち足りたものが現実にも映り出してくるのですね。

私たちには、内面に夢をかなえる素敵な力があるのですね。

12　ワンネス
～あなたが癒されると関わるすべてに癒しが広がる

（CD収録）

あなたは人を愛したことがありますね。愛を感じたことがありますね。その時、胸の中があたたかくなりましたね。そのあたたかくなるところを「霊性」といいます。そのあなたの中のあたたかいところは、大宇宙・神さまとつながっているところで、ピタッと天の愛と一致しているところなのです。同時に天だけでなく、地球とも、私たちのあらゆる現実のタイミングとも、ピタッと一致しているところです。そしてあなたの愛する人々とも、さらに地球上のすべての人々のあたたかいところとも、つながっているところなのです。

この目に見えない、けれども確かに存在するつながりを「ワンネス」といいます。私たちはいのちの深いところで、あらゆるいのちとつながり、影響を与え合っているのです。私たちはつながり、影響を与え合っている……。関わりあい、影響を与え合っている……。ワンネスという霊的なつながりに気づき、そこに優しく心を開くと、とてもあたたかい、とても幸福な奇跡が人生には広がり始めることに気がつきます。

たとえば、あなたが自分のいのちに気がつき優しくなってゆくと、あなたの心のあたたかいところからあふれ出す愛のエネルギーが、いのちのつながりを通して関わるすべてに流れ伝わります。何も言っていないのに、なぜかまわりの人も同時に気がついて優しくなり始めるのです。あなたが優しくなると、いのちのつながりから優しいエネルギーがあなたの現実に広がり始めるので、あなたの世界に優しさが打ち寄せ始めるのでしょう。

あなたのいのちが優しくなると、あなたのおうちにいるペットもまた、おだやかに優しくなるでしょう。また、自然にあなたを包む環境が優しくなったり、道をゆく通りすがりの人さえもあなたに優しくなってゆきます。ワンネスはとても素敵な希望を私たちに与えてくれるのです。

たとえば、目の前にいるパートナーの態度が気に入らなくて、もっと素直になってほしい、もっとあなたを大事にしてほしいと感じていたとします。相手の言葉に傷ついていて、苦しい時、どうしたら相手が変わってくれるかなと思うでしょう。そんな時、相手を責めてしまったり、ケンカしたり、でも、それでも状況はなかなか改善しないことのほうが多いものです。お人を変えようとしている時はなかなかうまくいかないものですよね。

そのよくない状況は、相手の問題だと受け止めていると、問題はずっとあなたを苦しめてしまいます。でも、こんな時もワンネスというつながりがわかると、そこから優しい癒しが始まるのです。それは、相手に見えるものと同じものがあなたの中にも実はありますよ、ということなのです。

響き合っているものがあるからこそ、あなたがいやな気持ちになったり、傷ついたりして反応します。そのものと響き合い、つながっているものがあるから、傷ついてしまうのですね。こんな時はまず、目の前に体験して、感じているすべては、今、自分がよりあたたかく成長するために起きている、と大切に受け止めてみるのです。あなたの魂がより優しく、より幸せになるために気づかなければならない大切な何かがそこにあるからです。

ムッとしたり、いやな気持ちになったり、身近な人の態度の中の気に入らないところに気がつく時は、あなたが「変わる必要があるところ」を教えてくれているのです。そんな時、変わるのは相手だと思っていると、あなたは変われないので、気づくまでその状況は繰り返されてゆくでしょう。こんな時、自分はこのことを通して何を学んでいるのかな、とあたたかく気づいてみましょう。自分が「変われること」「変わる必要があること」は何でしょう、どこでしょうと、自分に優しく問いかけてみて、そこに素直になってみましょう。

変わる一歩手前の時は、心はよく暴れますね。「なんで私だけが変わらなければならないの」と、苦しみます。けれど、変わることは、何よりも、苦しんでいた自分自身を、幸せなあたたかい世界へと救いあげてあげることなのですね。お人を通して自分に気づき、素直に自分を変えてみると、不思議なことにどんどん心が澄みわたり、すっきりしてきます。自分が自分でいられることが心地よくなってくるので、自分が気持ちよくて、大好きになれるのです。

その、心の姿勢を映すように心もすっきり心地よくなるにつれ、あなたの現実からも複雑さがすーっとほぐれ、さっぱりしてきます。そして、心が変わるとその変わった心とつながっていたさまざまな領域が、突然、幸せに向かって動き出したりします。

あきらめていた夢のチャンスが再び復活したり、止まっていたお話が動き出したりして、人生が幸せに向かってすーっと心地よく動き出します、素直になるほど、人生は輝き出すのです。

あなたの幸せは、他の人の幸せにつながっています。だから、まずはあなたから幸せになってくださいね。

第三章

宇宙的で優しいものの見方

心の使い方が変わると
運命が変わります

姫乃宮亜美

13 幸福を生み出すスピリチュアリティー

私たちの心には実体があります。心には光があり、その光の強さがあり、色彩があり、形があり、霊的には質感もちゃんとあります。これがオーラと呼ばれているものですが、その人の心から出ている光がその人自身を優しく包んでいるのです。純粋な思い、きれいな心はとても美しくまばゆく光輝きます。あたたかいことを思うと、あたたかいエネルギーが出ます。優しい思いや優しい心からあふれるオーラは、やっぱりとても繊細できれいな優しい色彩で光り輝いています。美しいことを考えていると、美しいエネルギーが出ます。

そして現実はいつも、その私たちの内面のエネルギーを反映しています。

あたたかく優しい心は、とても美しい光が出て、その人を優しく包んでいます。

けれど、怒りや恨み、ねたみなどや、自己否定、自己嫌悪、後悔などの思いは暗く、くすみ、よどんだ醜い感じが顕著に出ます。たとえば、考え方に頑固さがあり、融通がきかなくて、心に固さがあると、オーラも暗くよどんでしまい、あらゆるものを跳ね返してしまいます。あらゆるよいことも跳ね返してしまいます。そうなると、エネルギーも動かなくなってしまいます。

私たちの思いはそのまま、オーラとなって私たちを包んでいるのです。このオーラの中に表れているものを、私たちは自ら現実としてのちに体験するのです。つまり、私たちの運命は、私たち自身の「心」がつくっているのですね。

その、心の表れであるオーラの存在は、その人を包む雰囲気となって、存在感をつくっています。

運命を開き、幸せなものにしたければ、幸せな心を持つことです。幸せなあたたかい心を持つことと、心を洗い、みずみずしい心を持つことなのですね。

美しいものを見たり、幸せなものに感動したりすると、オーラはきれいになれるのです。

ぜひ、あなたの中の純粋な光の部分に美しいエネルギーを流して、栄養を与えてあげてください。

オーラとは、たとえば「あたたかい印象の方ですね」とか「明るい方ですね」など、その人の印象の正体、それがその人のエネルギー、オーラなのです。一人の人の中にあたたかい愛の光がオーラとなって輝き出しますと、何ともいえないあたたかな雰囲気、つまりオーラがあふれ出すのです。幸福がその人の中をエネルギーとして流れ続けるので、とても幸福そうな雰囲気がその人を包み込みます。オーラのあたたかみが外側の印象にも出るのですね。

現実は、その内なるエネルギーの反映ですから、心の使い方が変わると、オーラが変わって、運命が変わるのです。私たちの現実は、内なるエネルギーの結果なのです。つまり、心であるエネルギーのほうが、現実より先なのです。

たとえば、あなたが誰かの言葉に傷ついたとしましょう。心ない言葉を投げかけられて、それを受けた結果、心が傷ついたと感じました。あなたの心が痛んだのは、相手の言葉が原因です。

ふだんの私たちの意識の多くは、このように受け止めていますね。「あの人のせいで傷ついた、だから、私はこんなに苦しい思いをしている」と見えるのです。

これは、肉体の器を「自分」だとして、世界を見ている「ものの見方」なのです。

私たちは長い間、この心の使い方になじんできました。ほとんどの場合、自動的にこの考え方で、人生がまわっています。

しかし、この心の使い方以外に実は、もう一つの「ものの見方」「心の使い方」があるのです。

いのちのものの見方（「いのちの視点」）は、肉体のものの見方の逆で、自分の内側にあるものが、現実に順番に現れるという、内なるエネルギーの真理から、私たちの人生に起こることを優しく見つめているのです。

つまりこの場合、相手の言葉によって自分の心が傷ついたのではなく、その傷のほうが体験より先にあなたの中にあった、と、「いのちの視点」から世界を見つめるのですね。

先に「心の傷」のほうが、実はあなたの中にあり、その痛みが傷の存在を気づかせるために、自分の内面の傷と同じ痛みを持つ「体験」を引き寄せたと、受け止めます。私たちの心は素晴らしい力を持っていて、心の持ち方、「視点」によって、私たちの中を流れるエネルギーが変わるのです。

「いのちの視点」でものをみると、現実を生み出すエネルギーを動かせるので、そうやって自分の内側に気がついてあげるごとに、ねじれたエネルギーが戻って、私たちの現実に優しい癒しが訪れるのです。肉体からではなく、その奥のいのちの視点から人生を見た時、からんだ糸がほどけるように、私たちの苦しみは終わるのです。

この気づきから、私たちは本来持っていた幸せな力を、人生の中で取り戻すことができるのです。

今までと同じように、肉体の器からの視点を使うと、相手が変わらないと自分が幸せになることができませんね。この見方では、あなたの幸せは相手によって左右されてしまいます。

お人のせいになってしまうと、運命は変えられないのです。あなたは現実を変えられますが、その大切な力を失ってしまうのです。

私たちの経験する運命は、外からやってくるように見えますね。けれど本当は、**私たちの経験する出来事はすべて、私たちの「中」からやってくるのです。**

私たちの内にあるものが、外の現実に表れるのです。始まりは内側からです。

だから、本当はお人のせい、何かのせいというのは、一つもないのですね。その気づきから、私たちの現実は優しくなり始めます。あなたが何年も苦しみ続けてきた苦しみからも、動き出すことができるのです。

14 「いのちの視点」を見つけた時

現在は東京に住んで長い私ですが、聖なる母性との魂のふれあいを経験した一九八六年、当時は北海道に住み、喫茶店をさせていただいていました。不思議な力が巡るようになったので、コーヒーをいれながら、希望してくださる方にはリーディングを行わせていただいたり、お店の営業時間が終ってから、小さなお話会を開きながら、経験を積んでおりました。

その頃、私は焦点を合わせると、内側からふわりと湧き上がる「あたたかい女神の声」に導かれるように、自分の現実の経験の中で、宇宙の法則を体験して学んでいる頃でした。私は「チャネル」といってテレビやラジオのチャンネルを合わせるように、天の声を中継するのがお仕事です。しかし、私を通して現れる聖なる母性の女神の声は、声を受信するだけでは不十分だと言いました。

大切なのは、伝えることより、「伝わること」で、それには、伝える私がまず愛のエネルギーの法則を自らの人生で実践し、体感していることが大切だというのです。私の霊性が経験することで、その法則を身に修めていると、それは伝える時に「声」にエネルギーがのり、いのちからいのちに、大切なものが伝わってゆく光の影響力になる、と聖なる母性は言ったのです。

だからでしょうか？　優しいいのちの法則を受信するたび、なぜか私の人生には決まって、次に難関と思えることがそのたびに訪れました。不思議と、それはいのちの世界から運ばれる「言葉」を私が実践する体験のステージとなりました。

体験は一つだけど、「視点」が変わるとエネルギーの流れが変わり、現実が変わる。この時、そのいのちの視点を学ぶ時期が私には訪れていました。

当時、私の喫茶店によくおいでになる男性のお客様がおられました。コーヒーを飲みによくいらしてくださったのですが、実は当時の私は、この方がたいへん苦手でした。いつもいつもいつもいらっしゃるたびに、私を批判し続けていたからです。いらっしゃると、この方はひたすら、私をじーっと凝視し、言葉を聞き、私の言動の一つ一つを尋問するかのように事細かく質問してきては、批判するのです。私が言葉に詰まったり、戸惑うのをおもしろがっているように見え、私の言っていることの何もかもが気に入らず、間違っていると論破したがりました。

まだ経験の浅かった私はすっかり参ってしまい、その方がおいでになることにとても怖れを感じていました。その方の言動一つ一つに傷つき、びくびくしていたのです。

そんな日々がどれくらい続いたでしょうか?

毎日、尋問しにくるその方の態度に、私はすっかり自信を失い、精神的に追い込まれた気分でした。また次の日もその方がくると思うと、本当に、いやでいやでたまらない、と感じていた未熟な私でした。

ある日の夜、私はとてもいやな気持ちに苦しみました。重箱の隅をつつくように、一から十まで私がいうことはおかしい、と論破しようとする、あまりのしつこさに怒りを覚え、迷惑を受けていると感じていました。それで、その日の夜、私は天に祈り天に話しかけたのです。今思うと、余裕のない私はまるで、母親に言いつけているかような幼い霊性の私でした。

「神様、あの人はあんなことを言うんですよ。あんなこともしたのですよ」と。

その時の私の余裕のないエゴは、深いところで期待していました。

「あなたは悪くないのですよ。あの方がわからないだけなのですよ」と、そう天がいってくれるのを、内心期待していたのです。悪いのは、あちらで、こちらは悪くないという位置にいたからです。悪くないのに、傷つけられている被害者だと、自分を見ていたのです。

これは、肉体の器の視点から、見ていたのですね。まるで幼い霊性の私でした。ところが……。

そこに、キラキラと聖なる母性のやさしい声が、ふっと私の心の内側に泉のようにあたたかく湧いたのです。「あなたは悪くない」そう言ってくださると期待していたのに、聖母意識のあたたかい声はこう言ったのです。

「素晴らしい『**先生**』を、授かりましたね」

優しい春風のような、優しい言い方でした。

私は、その人は私を傷つけるひどい人としか見えなかったのに、天の優しさは、その人は私の魂を優しくしてくれる先生だと言いました。

その瞬間、目を見開いた私は、それまで考えてみたことも、気づいたこともなかったもう一つの「ものの見方」があることを知ったのです。

その天国の一言で、私の視点は変わりました。その瞬間、現実の体験の私の受け止め方も変わりました。そんな見方があるなんて、それまで思ったこともありませんでした。けれど、聖母意識が何を言っているのかが、いのちに直接響きわたるので伝わるのです。

「あの人は私に真理を教えてくれる先生」だったんだ。私に気づきを与えてくれたんだ。私の魂を成長させてくれていたんだ。

あの人に批判されたから、私に自信がなくなったのではなく、先に私の「自信のなさ」

や「被害者意識」がオーラの中にあったので、それを教え、それがほどけたらどんな素敵なことが起きるのかを、私に教えにきてくれた先生だった。

その視点に私の心がシフトすると、不思議です。視点が変わったことで波動があがったのでしょう。さっきまでいじめられているように感じていたあの男性のお客様に、あたたかい感謝の気持ちがあふれ出したのです。私が握っていた心の曇りが晴れたのですね。

さっきまで、会うのが怖かった男性を、もう怖いと感じなくなっていました。

そして、次の日がきて、私の心の中から身構える気持ちがほどけると、本当に不思議でした。

あんなにおそろしく見えた人が、何だか優しく見えるのです。だから、いつもは、できるだけ避けたくなっていたものが、むしろ私の方から気軽にお話ができて、冗談まで言うことができました。状況はいつもと変わっていないはずなのに、私が身構えずリラックスができると、相手の方もリラックスしているように見えました。ふっと肩の力がぬけた私は、自然にその時間を楽しめる気持ちになっていました。

だから、いろんなお話がむしろ私からできました。けれど、本当に不思議です。その日は尋問口調がとくになく、楽しい会話ができたのです。

この男性はスピリチュアリティーに相当詳しい方で、その知識があるために批判的、尋問的な態度になっていたわけですが、視点が変わって、ふっと力がぬけたら、今までは通い合わなかった相手と私の間に、あたたかいエネルギーがまわり始めました。昨日までは、彼の知識により、批判されているように感じていたものが、視点が変わり、力がぬけると、今度はなぜか会話が弾むようになり、同じ彼の知識が今度は楽しめる会話の源泉となったのです。エネルギーが変わると、私と相手の心にエネルギーが通い始めました。

あんなに毎日いやな思いをしていたのが嘘のようです。

彼の知識が私を苦しめていた次元から、視点を変えるとリバーシブルのコートをくるりと裏返すように、エネルギーが流れを変えて、今度は同じ彼の知識が楽しい会話になり始めました。

何て晴れやかな気分でしょう。

それから、私はこの日以来、体験していた苦しみはほどけてしまい、この体験は私に「いのちの視点」を教えてくれたかけがえのない体験として、その後ずっと私の中で輝き続け、今も大切にしているのです。

15 あなたにふれてくるすべてがあなたを愛している

私たちは鏡に映ると見えるこの「肉体」を自分だと思ってきました。けれど、私たちは本当は、肉体ではなくその肉体を生かしている「いのち」なのです。ですから、人生に起こることを、そのいのちの視点から見つめると、まったく違うあたたかい人生の扉が開かれます。私たちの現実に幸せな愛のエネルギーが流れ始めるのです。

「いのちの視点」は、苦しみを優しくほどいてゆく力になります。そして、「いのちの視点」は、私たちの毎日にあたたかい幸せを回復させてゆきます。

ある時、こんな聖なる母性の声が心の中に広がりました。

「あなたにふれてくるものは、すべてあなたを愛しています。
人も、**物**も、そして**自然**も、たとえそれがどんな**形**をしていたとしても、
ふれてくるものすべては「**愛**しています」のサインです。
あなたがそれらを**恐**ろしいもの、つまらないものと**捉**えた時、
それらはその**通**りのものとなり、あなたを**傷**つけてゆきます。
しかし、これらはすべて**愛**の**表現**です。すべての**愛**を**受**け**取**るために
心をひらきなさい……」

以前、私は海外ツアーでトルコを旅した時、出会った遺跡がありました。それは歴史を語り、形を残しているはずの遺跡の一部で、その中でもひときわ、長い間の時の流れの中ですっかり丸みをおびた大きな石がありました。

その時、私を導いてくれていたトルコ人のガイドさんが、その石の説明を、こんなふうに話してくれたのです。

「雨や風のせいでこうなったのではなくて、この石は特別に天に愛され、雨や風に愛されたから、この形になったと言われているの」

その時、異国の地で、「あたたかいいのちの視点」に出会って、私は胸がいっぱいになり、感動していました。

人生には、うれしいこともたくさんあるけれど、苦しいことや、思わず立ち尽くす出来事もたくさんあるでしょう。苦しい心のまま、時間を止めてしまった過去の体験もあるでしょう。

でも、もし、人生で出会う私たちにふれてくるものが、すべて私たちを愛してくれているとしたら、そこに新しいエネルギーが生まれてくるでしょう。


あのことがあったせいで、私は今、不幸なんだ。

あのことのせいで、私は傷ついた。

このように、何かのせいで、こうなったと受け止めると、私たちの人生は光を隠して暗くなります。苦しくなります。自分のものの見方が自分を暗くしてしまうのです。

でも、もしも、とてもあたたかいいのちの視点から人生を見ることができたなら……。


「あのことがあってくれたおかげで、強くなれた」

「あのことがあってくれたおかげで、大切な気持ちに気づけた」

「あのことのおかげで、成長できた」

と、人生があたたかく波動をあげて、幸せにつながるのです。

どんなことの中からも、私たちは学べるし、成長できるからです。

傷ついた傷からも、私たちはあたたかい思いやりを学べますし、恥ずかしくなるような失敗からも、次につながる改良点を学べます。

どんなことの中にも、いのちの世界からのギフトが本当はこめられているのですね。

私たちが存在している理由、それはすべての光に私たちが愛されているからです。

私たちにふれてくるものは、すべて私たちを愛している、その宇宙の愛に心を開くと、私たちの心はあたたたかく、優しくなれます。

外を歩いていて、ふわりと優しい風が頬をなぜたら、その風は愛していますよ、と、あなたに向けてそよいでいます。太陽の光があなたに降り注いできたら、それは太陽の光があなたを愛していますよ、と降り注いでいます。

あなたにふれている、今、あなたが着ているお洋服も、座っている椅子も、食事の時の食器も、あなたが召し上がるお食事も、のどを通るお水も、あなたにふれているのは、そのものが、あなたを愛しているから……。

そして、やさしい風ばかりではなく、木枯らしも冷たい雨も、本当は私たちに送っていてくれる愛があるのですね。この気づき以降、風が強く吹き抜ける日や、手が凍えて痛いような時には、私はこの愛からのいのちの視点を思い出すようになりました。

「寒いのいや、雨はいや」ではなくて、大自然にある宇宙の心にも、心をひらけることの幸せに心を向けるようになりました。

「風のせいで手が凍えて痛いのではなくて、私に向かって風が吹いてくるのは、風が私に何かを教えてくれようと、愛してくれているからね」

そう思うと、いつも不思議と寒さが気にならなくなりました。

だから、冷たい風が私にくれた愛に対して、「愛してくれてありがとう」と、私からも愛の思いを送ってみました。すると、冷たい風の精霊が喜んで、ぽっと頬を赤らめてくれた気がしました。そんなイメージは、私のいのちをほっこりとあたため、寒さでこわばっていた私の顔に、あたたかい微笑みを送ってあたためてくれました。

「誰もが愛したいし、愛されたい」
ふれてくるものは、すべて自分を愛してくれているから。

その愛の視点があれば、どんなに冷たいものでも、私たち自身の心のあたたかさでやさしくあたためてあげることができます。

だから、今度、苦しみや凍える心に出会ったら、あなたの心にあたたかさを通わせて「愛してくれて、ありがとう」そう受け止めてみませんか。

あたたかい、愛のエネルギーに出会った時、私たちの苦しみは、あたたかい手の上で溶けてしまう雪のように、優しく溶けてしまうからです。

16 幸せを引き寄せる素敵な引力

「運命」という文字は、「いのちを運ぶ」と書くように、運命とは、私たちの人生を運んでくれる愛のエネルギーの流れのことなのです。

私たちは、誰でも幸せになりたいと願っています。幸せになりたくないという方はきっと一人もいらっしゃらないでしょう。自らの人生の幸運を願うのが私たちの自然な願いだと思うのです。だから、多くの私たちは「開運」を願い、「幸運」を求めます。

どうしたら、幸運の波にのれるのかと、探し求めます。開運を求めて旅をしたりもします。いのちの視点から「運」というものを理解する時、また違った世界が見えてくるでしょう。開運の秘訣も実はここにあります。

私たちが生きるこの時代は、ストレスにあふれています。長い間に魂が眠った状態で作り上げてきてしまった社会の枠組みは、あたたかい心や、愛の心を基準にできていないことが多く、魂の充実感を感じることができないため、我慢や伝えられない気持ちを飲み込むしかないので、ストレスがたまるのですね。

ですから、ストレスがあるのが当たり前の世の中です。ストレスはないとおっしゃる方のほうが少ないでしょう。ですから、多くの方が「癒し」というものを必要としています。誰もが癒されたいと望んでいて、癒しが行われると、「すごい」とうれしくなってしまいますね。

けれどよく感じてみると、私たちにとって、癒された状態のほうが本来は「自然な姿」なのです。

今の私たちの通常の状態、ストレスがあるほうが本来はいのちにとって不自然なので、癒された状態とは、私たちのいのちが本来の自然さを取り戻したにすぎないのです。

今は、誰もがストレスを抱えているため、ストレスがあるのが当たり前になっていて、そちらが「普通」に見え、癒しが行われた状態のほうが「非凡」に感じるようになっています。

でも、私たちのいのちの本来の姿は、悩みなく、痛みなく、苦しみもない、透き通るようにすうっと気持ちのいい流れそのものなのです。

運も同じです。

いのちとは、本来、神様の優しい光でできていますから、私たちのいのちの素材自体が「幸せ」でできているんですね。

幸せが私たちの本質なのです。ですから、私たちが自然であれば、本当は「幸運」のほうが本来の姿そのものなのです。

でも、今はほとんど、そうは見えないかもしれませんね。

幸運は時々しか、人生に現れないように見え、開運するのもパワーがいるように見え、ラッキーは、たまにしか人生にはこないように見えます。

けれど、聖母意識は、私に以前このように教えてくれました。

「健康とは、肉体に病名がつかないということばかりではなく、運命まで含むものなのですよ」と。

つまり、私たちを肉体ではなく、あたたかくて優しい光でできている「いのちの光」として、一つの生命体、意識体として、いのちの視点で自分を理解した場合、いのちにとって「健康」であるということは、健康診断をお医者さまにしていただいて、病名がつかなければ健康ということではないのです。運命までもが、私たちの体だと、聖なる母は教えてくれたのです。

私たちは肉体ではなく、エネルギー体です。あなたのエネルギー体は、目には見えません。肉体の中に閉じ込められているのではなく、肉体を越えて大きく広がっていて、運命までもが自分の目に見えない光の体の一部なのです。

ですから、私たちの健康というものを、いのちの視点から見てみると、本来の健やかさとは、やりたいことが流れるように表現できること。望んでいることが絶妙なタイミングで成就できること。それが、「真の健康ですよ」と、聖母意識は教えてくれたのです。

やりたいことがあるけれど、お金がなくてできない、とか家族が反対して思うように動けない、とか体が弱くてできないなどのように、あなたが心からやりたいと感じていることであるのに、物質的な条件で不都合がありできないなど、足を引っ張られることがあるというのは、いのちにとって健やかな状態ではないのです。

それは、内側に何らかの不自然があるわけですね。

私たちのいのちが自然のまま優しくて、やわらかく、エネルギーが遮られることなく流れている時は、運命にもその健やかさが現れてきます。

内側にさえぎられるものがないと、人生は、本当は流れる河のようにスムーズに優しく流れているはずなのです。

それは、どのような姿かというと、あなたがこうしたいと思ったのと同時に現実が動き出します。現実は内側のエネルギーを映す鏡であり、スクリーンだからです。

あなたがやりたいと感じたことに必要なものが、その瞬間、あなたに向かって引き寄せられてきます。

必要な人の協力、場所、もの、お金、時間、必要なものがセットで引き寄せられてきます。

あなたの中で「意志」が定まると、現実はその意志のバイブレーションをもとに、自然に開かれて開運してゆきます。

内なる流れが気持ちよく流れている時、私たちの現実もスムーズです。

心で思うだけなのに、意志を固めて動き出すと、不思議と出会いが生まれたり、よいお話やチャンスを引き寄せ始めます。

あたたかいいのちの視点で見ると、私たちのいのちは、とても優しい神様の光でできていますから、わたしたちのいのちそのものが幸福のかたまりなのです。
だから、私たち自身が幸せなエネルギーそのもの。私たち自身が幸運な流れそのものなのです。
幸運のほうが私たちには、自然体なのです。

それなのに、どうして私たちの現実はそう簡単でないかといいますと、その私たちの中の本来のスムーズな流れを邪魔してしまう私たちの心のくもりがあるからなのです。

心の深いところに、素直になれない、素直になりたくないと、私たちの自然な流れに抵抗してしまう思い込みがあるので、思いの雲が自分の幸せな光を覆いかくして滞らせてしまうのです。

本来はさらさらと気持ちよく流れるエネルギーの河の流れを、「世の中そんなに甘くない」「そんなにうまくいくはずはない」と、自分の可能性や幸運をせき止めてしまう自分の心が、そこにはあるからなのですね。

ですから、自らの中を流れているエネルギーをさえぎっている心を、優しく洗うことを覚え、その心を気持ちよく洗ってゆくと、あなたからきれいな、心地よい光がどんどん回復してくるのです。

心を洗ってきれいに気持ちよくなればなるほど、運命は自然にひらいてゆきます。

これら、運命を苦しくするエネルギーは、実は無意識、無自覚の時が繰り返し人生で再生されますから、苦しみの原因になるのです。望んでいない現実に苦しめられるのは、自分の中にそれを引き寄せてしまう何かがつまっている時なのですね。

心を磨き、心を洗ってきれいにすると、その人の雰囲気は素敵な光り輝くものに変化してゆくのでしょう。内側にさえぎるものがないと、あなたの中に流れるエネルギーが、みずみずしくゆきわたり、幸せなこと、幸せな状況を引き寄せる、素敵な引力が出てくるのです。

17 癒しの始まりは受け止めてあげることから

そばにいると、なぜだかわからないけど、とても気持ちがいい人っていますね。何というか清々しくて、明るくて、魅力的で、別れた後でまたぜひ会いたくなる、そんな人でありたいものです。

反対にそばにいると、雨雲を背負っているかのように、何だか暗くて、重くて、大丈夫かなと心配になってしまうようなコンディションになってしまうことも私たちにはあることでしょう。

それは、ストレスなど感情があなたのエネルギーの中にたまっている時かもしれません。

感情は水の流れのように、私たちの中をさえぎらずに流れさせてあげることが大切なのです。けれど、その感情が苦しいものである場合は、私たちはその感情を感じて流れさせることを避け、流れを止めてしまいます。感情を感じたくなくてよどませてしまった時。私たちの運命もよどんで、流れが悪くなってしまいます。私たちの運命と、心の動きはつながっているからです。

私たちの感情は、どんな感情も大切な意味があるのです。

ほとんどの私たちはさまざまな「感情」を、善悪で分けて判断しています。まるで、燃えるごみと燃えないごみを分けるように、自分の心の中に生じる感情を「これはいい感情」「これは悪い感情」というふうに、私たちは自らの感情を判断し、裁いています。

しかし、自分の判断があるからこそ、それはいい、悪いというそれぞれの感情になっていますが、本当は宇宙には感情エネルギーにさえも、いい、悪いという判断は存在しないのです。

私たちの心から生じる感情の種類は、宇宙では、たとえば色えんぴつの「色」の種類のようなものです。

色えんぴつの箱の中には、いろんな種類の色がありますね。もちろん好みでいえば、ピンクが好きとか、灰色は嫌いとか、好みはあるかもしれません。

でも、いい色、悪い色というのはありません。

一枚の美しい絵を完成させようとしたら、ピンクやきれいな水色を、黒や灰色を使うことで輪郭をはっきりさせたり、鮮やかさを際立たせることができます。悪い色というのはありません。何かを表す時、それぞれの色の役割と適材適所があるのですね。

「感情」も同じなのです。宇宙から見たら、感情にいいも悪いもないのです。ただ、私たちの中に留まっている時には、私たちの心の判断に影響を受けるだけなのです。

あなたの中を流れて、感情が解放され宇宙へと還ってゆけば、私たちが悪いと判断する感情エネルギーも、善悪ではなく、宇宙を構成する大切な要素の一つへと戻るのです。

今、あなたがなさっている体験のすべてには、どんなものにも必ずあたたかい意味があります。そして、それをきっかけに生まれてくるさまざまな感情も本当はあたたかい意味があるのです。でも、私たちが自分の感情をいい悪いと判断する時、私たちは自らだめだと判断する感情を、感じたくなくて無意識に抑圧してしまいます。本当は憎んでいるけど、憎しみはよくないから考えないようにしようと。

その時、思いは憎しみに向かっていくけど、強力な心の力で自動的に抑圧し、ブレーキを踏み続けます。それは、潜在意識の中に沈んでいき、やがて表層意識には上らなくなります。

自分が憎しみを抱いているなんて、思わなくなります。しかし、表面の自分は憎しみなんてないと思っていても、奥の自分は、自分の中にあるものを知っていますから、どうしても自分のことを素敵と思えなくなるのです。だから、泣きたくなるような強力な自己嫌悪に苦しめられるようになったりします。

「憎しみ」は、だめ。「嫉妬」も恰好悪いからよくない、怒りもだめ、文句もだめ。

そうやって、自分の感情を悪い感情と決めつけてしまうために抑圧してしまうのです。

そして、逆にいい感情というのも、決めつけてしまいますから、愛がいい、優しさがいい、許すほうがいい、と学んだため、本当は思っていなくても、「愛が大切」と言ったり、まだ、許しきっていないのに「許した」と言い、胸からバイブレーションが出ていなくても「感謝してる」と言ってしまいます。この状態の時、運命が滞ります。

私たちがマイナス感情と呼ぶ感情は、本当は悪い感情で、あってはならないものではなく、あなたの魂にとってわかってほしいことがあったから、そこにあるのです。

つまり、だめと抑圧しなければならないものではなく、あなたに憎しみがあったのは、あなたがだめな魂だからではなく、あなたにはそう感じてしまう理由があったのです。わかってほしい気持ちがそこにあるのですね。

かつてのあなたの痛みが、あなた自身にわかってほしかったのです。

「こんなに痛かった」「こんなに苦しかった」「つらかった」「悲しかった」

そのリアルなバイブレーションを理解し、あたたかい心で受け止められた時、憎しみも、悲しみも、嫌悪も、溶けてゆきます。

あなたの運命を止めているブロックは、かつてのあなたの凍えた心なのです。忘れられた心があなたに受け止められたい、と待っている心です。だから、抑圧する代わりに、受け止める優しい心を自分にも向けてあげて、わかってあげることで、私たちは内なる自分と仲直りして、きれいなエネルギーが出てくるのですね。

愛さなければいけない、感謝しなければいけないではなく、さえぎるものが溶けてしまえば頑張らなくても、愛も、優しさも、感謝も、内側から自然に湧いてくるものだからです。

18　本当は消えるために表れてきてくれた苦しみ

私たちの世界であるこの「現実」は、いのちの視点からみたら、「結果」の世界なのです。

私たちがどんなふうに世界を見ているか、どんな波動を握っているかを、映し出して見せてくれるスクリーン、それが現実です。

私たちの心の奥深くにひそんでいる心を確認するのが、この世界なのです。

私たちの現実と顕在意識は、結果の世界ですから、本来あらわれる理由は「確認」です。私はこういうものを握っていましたよ、というのが、表の自分が理解できれば、ほどけてゆくようになっているのです。

でも、ここで私たちが感じることを避けたり、「私はそんなこと思っているわけがない」などのように、認めることができないと、感情エネルギーは解放されずに、潜在意識の層の中に再び戻ってしまいます。そうすると、それは何度でも現実に繰り返し表れてきます。

抑圧された感情というと、きっといっぱいあるだろうと思うかもしれません。でも、本当はいくつかの感情を、繰り返し体験しているから、たくさんあるように見えるだけで、抑圧されている感情は、本当は数えるほどしかないのです。

感情が出るきっかけとなる経験はそれぞれでしょうが、体験している感情をよく見ると、実は同じ「感情」を繰り返し経験なさっていることに気づくでしょう。

一つの経験をしたら、その経験を通して体験している感情のバイブレーションを確認してみましょう。それは、誰かに裏切られたから、いやな気持ちが出てきたのではありません。先にあなたの中にその「いやな気持ちになるバイブレーション」があって、それを解放するために、「裏切られた」という現象が出たのです。

もし、あなたの中からその「いやな気持ち」というバイブレーションが消えてしまえば、あなたの人生からも、あなたをいやな気持ちにする現象は二度と起こらなくなります。

私たち自身が自分の運命の創造主なのです。

たとえば、だんなさまに「靴下はぬぎっぱなしにしないでね、洗濯機に入れてね」とお願いし、また、「遅くなってお夕飯いらないなら、連絡してね」と、お願いしていたのに、何度お願いしても、いっこうにやめてくれず、聞いてくれないとしたら……。

あんなに何度もお願いしたのに、あい変わらず靴下はぬぎっぱなし。せっかく作ったのに「もう食べてきたからいらない」の一言で、あなたの真心と労力を顧みられることもないとしたら、あなたの心は必ず何かを感じていらっしゃるはずです。

何度お願いしても効果はなく、まるで何もなかったかのようにぬぎ散らかされた靴下を見て、とても腹がたったり、自分って何なんだろうと悲しくなったり、自分を大切にされてないかのような心細さを覚えていたり……。あなたが感じているその「感情」、実はそのエネルギーのほうが、経験より先にあなたの中にはあったのです。

その「怒り」や「悲しさ」や「心細さ」を、よくよく、あえて味わってみてください。あえて感じることから始めましょう。

その時、イガイガしますか？　ぎゅうっと胸が苦しくなりますか？　ざらざらした気持ちになりますか？

実は、あなたのそのバイブレーションに引き寄せられ、そこからあなたがその悲しみや怒りを感じる現実が創造されているのです。

だから、内なる感情ブロックが解放されると、現実は紐をほどくように変わり始めます。

ここに、私たちを幸せにしてくれる、素敵な真理があります。

これらの感情が、現象として出てくるのは、いやなことに見えるかもしれませんが、三次元の現実に現れたものは、本当はすでに「消えるプロセス」に入っているのです。

三次元という現実に出て、現れたら本当は、それが最後で消えてゆくようにできています。「ああ、こういうのを私は握っていたんだなあ」と確認できれば、それは消えてゆくのです。

これは、本当です。けれど、いやな気持ちを感じたくなくて、避けたり、感情を解放しないで、相手に怒りをぶつけたりしてしまうと、新たなカルマを創ってしまい、繰り返してしまうだけなのです。

感情というのは、実は消えるためにあらわれるのです。

「運命」は、「いのちを運ぶ」と書きますね。

つまり、私たちの運命が健康であり、すこやかであれば、流れがスムーズになり、いのちを運ぶ幸せな流れにのれるのです。

私たちの人生は、本当は流れる河のようにスムーズに優しく流れているはずなんです。すこやかであることが自然だし、幸せでいることが本当は自然なんですね。

幸せは、私たちの中を流れる河のように流れているほうが自然なのです。

「幸福であること」

これが本来の私たちの自然な姿なのです。けれど、今の私たちは、この逆で、いのちに対して不自然なほうが、今は当たり前になっていますね。幸福でいるほうが難しいし、現実はなかなかスムーズではありません。スムーズであるほうが珍しいくらいです。

幸運はいつもではなく、気まぐれのようにたまにしかきてくれないもの。その運を何とか手に入れたくて、私たちは、いろいろ幸運を授けてくれるものを探します。

あたたかい、いのちの視点で見ると、私たちのいのちは、とても優しい神様の光でできていますから、私たちのいのちそのものが幸福のかたまりなのです。

私たち自身が幸せなエネルギーそのもの。私たち自身が幸運な流れそのものなのです。

それなのに、どうして私たちの現実はそう簡単でないかといいますと、その私たちの中の本来のスムーズな流れを邪魔してしまう、私たちの心のくもりがあるからです。現実を通して現れてきてくれた気づきに、素直になって頷くことができたら、現実はエネルギーがスムーズに流れてすべてうまくゆくのに、その現実を受け止めきれない、素直になれない。素直になりたくない、と私たちは自然な流れに抵抗してしまうので、思いの雲が自分の幸せな光を覆いかくして滞らせてしまうのです。

本来は、さらさらと気持ちよく流れるエネルギーの河の流れをせき止めてしまう自分の心が、そこにはあるのですね。

ですから、自らの中を流れているエネルギーの流れをさえぎっている心を、優しく洗うことを意識し、その心を気持ちよく洗ってゆくと、あなたからきれいな心地よい光がどんどん回復してくるでしょう。

あなたのいのちの光が表に出れば出るほど、それを映すように運命にそれが映ってくるでしょう。不思議なもので、心がきれいに気持ちよくなればなるほど、運命が自然にひらいてゆきます。

心を洗って、気づきを迎え、くしゃくしゃしていた気持ちがさっぱりとさわやかに、気持ちよくなるにつれて、あなたの現実の滞っていた部分に光がゆき通って、生活の必要なところに癒しが自然に行われます。

これら、運命を苦しくするエネルギーは、実は無意識、無自覚の時が人生で繰り返し「再生」されますから、苦しみの原因になるのです。望んでいない現実に苦しめられるのは、自分の中にそれを引き寄せてしまう何かがあるのですね。

これらの、光をさえぎるものが何もないと、あなたの人生は自然に癒され、幸せが広がりはじめるでしょう。

心を磨き、心を洗ってきれいにすると、その人の雰囲気は素敵な光り輝くものに変化してゆくのでしょう。内側にさえぎるものがないと、あなたの中に流れるエネルギーが、みずみずしくゆきわたり、幸せなこと、幸せな状況を引き寄せる素敵な引力が出てくるのです。

19 心を洗うと、運命も洗われる

だめな自分、恰好が悪い自分、無力で愛のない無能な自分を嫌悪し、軽蔑していると、それらが内側に滞っている時は、ほとんど自分を責めてしまいますが、ほとんどは言葉で自分を責めているより、エネルギーで自分を責めていることが多いです。

つまり、内側にある何ともいやな、強烈な不快感として味わい続けます。

でもそうやって自分をたたくのを優しくやめて、あなたの弱さすら、時には醜さすら、まずは、そのまま素直に受け止めてあげる時、感情は再び流れ始めることができるのです。

「こんなこと感じてはいけない」「こんなはずはない」と、この抑圧はほとんどが無意識に動き出します。無意識に自分を守ろうとしてしまうのですね。自分を責める気持ちも、「責めよう」として責めていらっしゃるのではなく、無意識に言葉にならないエネルギーで自分を責めていらっしゃる方が多いです。だから、あえて意識して、あたたかい思いやりに満ちたエネルギーを、自分の中に流してあげましょう。

あなたの感情を癒してあげる最初のステップは、その感情に素直になること。素直に感じてあげることなのです。あなたが内側で感じていた不快感やつらさや、劣等感や、居心地悪く感じているすべてを、判断することなしに、ただそのまま受け止めてあげるのです。

自分の内にためて、隠していた感情は、まずはあえて感じてあげることが必要なのです。

でも私たちはこの、「感じる」ということ、そのものに慣れていません。

たとえば、ためている感情は、「恐れ」とか「劣等感」とか、「憎しみ」などでしょうから、感じたら苦しく感じるものが多いです。

だから、私たちはそれを感じたくなくて、今日まで避けてきたのです。

でも、自分の中、奥深くにたまっていて抑圧されていた感情は、感じぬいてあげることで、自分の中から解放してあげられるのです。

たとえば、自分の中に怖れを感じたら、抑圧しないで、まずは怖れを積極的に感じぬいてあげるのです。積極的にあえて感じてゆくのです。そうすると、一瞬とても強力にその不快感を感じますが、熱いお湯に入った時のように、しばし、じーっと感じぬいていてください。

すると、一瞬、強くなりますが、それでも、感じ続けてゆきますと、必ず薄まり、すうっと消えてゆくのを体験します。その間、消えるまでに数十秒ほどだと思います。

感じてあげずに、抑圧したままなら、何年も滞りの現実は続き、場合によっては、転生を越えても、引きずり続けてしまいます。

滞っているあなたの感情は、かつてのあなたの行き場のないつらい心ですから、責めたり、抑圧したりしないであげていいのです。

大事にしてあげましょう。

あなたの「苦しい感情」は探しているのですね。あたたかい愛にたどりつくことを……。

だから、感じながらぜひ、自分の感情に言ってあげてください。

どんな感情があっても、どんな感情が湧いてきても、

「そうだね、人間なんだから、そういう気持ちになることだってあるよね。わかるよ」

そう、言ってあげてください。

「そんなふうに思っちゃだめだよ」とか、「そうであってはならない」と抑えずに、「痛かっ

たんだね。本当は違うとわかっていたけど、苦しかったんだね」と、自分の中の混乱を、やわらかくて、あたたかい優しい布でくるんであげるように、受け止めてあげてください。

今まで感じないようにしてきた、苦しみをあえて感じてあげる。
あえて、消えるまで、ともに味わい尽くしてあげる。

そうすることから、あなたは、あなた自身への思いやりが生まれます。
こんな気持ちをどれだけ長く抑えられてきたの？　苦しかったんだね、と理解が生まれるでしょう。どうしてこんなこともできないの、なんで感謝できないのと、自分を責めずに、その感情のそばに座ってあげるように寄り添い、理解してあげるのです。

責める代わりに、あなたの中で混乱していた気持ちを、優しく理解してあげる。涙が出たら、そのまま素直に泣いてあげるのです。素直にあふれ出すままに泣いてあげるのです。怒っているなら、怒りながら泣いてあげましょう。悔しいなら、その悔しさを味わいながら泣きましょう。泣いて怒って、自分の中に滞っていたエネルギーを感じることで、動かして流してあげると、私たちのハートはとてもやわらかくなるのです。

やわらかく、優しさを取り戻してくれるのです。そうしてゆくと、自然に幸せな気持ちが黙っていてもこみ上げてくるようになります。心は次に進みたくなってくるのですね。

20 感じることから始めよう

【いのちを洗う瞑想】

それでは、心を洗うことを始めましょう。

ここ最近、どんなことがありましたか？

最近、あなたが感じていた、いやだと感じる「感情」を一つ思い出してみましょう。

不安でも、怖れでも、イライラでも何でもいいのです。

その感覚を感じてみてください。こんなこと思っていいのかなとか、こんなこと感じてはだめだと思わずに、あえてていねいに、あなたの感じていることを、そのまま感じてあげましょう。この瞑想をしている間は、どんなあなたが出てきても、その気持ちに寄り添ってあげましょう。

一つ選んだ感情を、あえて大きく拡大するようにして、思い切って感じてゆきます。怒りなら、まずは、その怒りをていねいに感じきりましょう。

その感情を観察するようにして、感じることで、あなたの気持ちを大切にしてゆきます。その気持ちを感じている時は、どんな感じがしますか？

呼吸はどうなっていますか？　体に入っている力はどうですか？　体のどこかに緊張はありますか？　あえて、味わってみましょう。

この感情はだめだと判断はしないで、ただ、感じぬきましょう。感じましょう。その感覚を広げるようにして感じてみましょう。

感じ始めると、その感情は、煙のようになってあなたの中を動き出し、あなたの中を通って宇宙へと還ってゆきます。感じてあげることで、どれだけ長いこと苦しんできたあなたの感情でも、そのエネルギーを動かしてあげることができます。やわらかくなって消えてゆくように流れていくのです。

この世界には、本来たった一つのエネルギーしかありません。あたたかい優しい光、愛の光。愛だけが永遠に残る実在なのです。それ以外のエネルギーは、霧がはれてゆくように、消えてゆくのが運命なのです。いくつもいくつも、感情を見つけて感じてあげて、あなたの中を通して、感情は宇宙へと還ってゆきます。

一つ、感情を流して還してあげれば、あなたの存在感が軽くなります。一つ一つ、あなたのかつての気持ちを大切にしてあげるごとに、あなたのオーラが澄んで、光の通りがよくなっていくのです。

【運命を癒す優しい瞑想】

望まない体験をして、傷ついたり、いやだなと感じる現実があったなら、「いのちの視点」にまずは立ってみてください。その体験をすることで、出てくる感情や感覚はどんなものでしょう。

「腹立たしい気持ち」とか「大事にされていない感覚」とか、言葉で表現できることでも、イライラ、もやもやなどのように、言葉にしにくい感じや感覚でもいいのです。

あなたが気が重くなる体験や、いやだと思える体験があるなら、まずは、その体験をすることであなたの中に出てくる感情、感覚を見つけてみましょう。

あなたは、いやな体験をしたから、その気持ちが出てきたのではなく、あなたの中に先にその「感情エネルギー」がブロックとして存在していて、その体験を引き寄せていたのです。

怖がらずにどうぞ、その感情を感じ、見つけてあげてください。

運が悪くて、どうせ私はだめなんだと思う時、運が悪くてあきらめの気持ちが出てきたのではないのです。本当は先に「あきらめたくなる」エネルギーがあなたの中で苦しんでいたのです。あなたが今日まで、あきらめたくなったのは、運だけではなかったはずです。

だからそんな時は、体験から出てきた「傷ついた気持ち」や、「不快な気持ち」などをまずは、感じてあげてください。

あなたの深い部分では、すごくいやな気持ちを感じていたことに気づいてあげてください。そして、あなたの内面の苦しみに寄り添っていきます。

感じてあげて、いやな気持ちを理解して、優しく自分のいのちに話しかけてあげてください。「ずっと苦しかったんだね。こんな思いまでして、学んでくれていたんだね。頑張っていてくれてありがとう」と、やさしく受け止めてあげるのです。

優しく愛で受け止められると、苦しいエネルギーは消えていけるのです。

その感覚が優しく消えるまで、感じぬいてあげましょう。中のエネルギーのブロックが消えていけば、そのいやな現実はもう起こらなくなるのです。運命が変わり始めるのです。

感情をあえて感じてあげることは、運命を改善することであり、自分を大切にしてあげることなのです。胸の奥があたたかく溶けてゆくように、ほっとしてらくになりますよ。

21 いのちの視点から心を洗い、運命を洗うと癒しが始まる

よい感情はもちろんですが、マイナス感情と思えるものも、本当はただ、そのままのエネルギーなのです。心を洗うためには何を洗えばいいかというと、「幸福とは感じない感覚」のすべてです。

「何も感じない」というものや、「わからない」というもの「無感覚という感覚」も晴らしてあげると運命がひらけてゆく感情ですので、それも大切に感じぬいてあげるといいですね。そうすると、私たちの中の感じるという感覚がよみがえり始めるでしょう。

うれしいと感じられる、わくわくを感じられる、幸せを敏感に感じられる感性が、目覚

め始めるでしょう。そうすると、人生には、感動がみずみずしくよみがえり始めます。

そうなると、人生のすみずみにまで、幸せが行き届き始めるでしょう。

感動も、私たちのいのちを洗ってくれる力なのですね。

幸せ、喜び、あたたかさ、よい気持ち、それを感じられる感性がよみがえり、私たちに本来、備わっている「感じる」といういのちの才能がよみがえると、その幸せな感覚がナビゲーションとなってあなたを導き始めるのです。

私たちは本来、あたたかい愛の光です。だから、愛の思い、優しい思いにしか慣れていないのです。けれど、私たちは憎むことがあるし、軽蔑してしまうことがあるし、怒ることがあります。

けれども、本来は愛の光であるからこそ、私たちの魂は怒ることや憎むことに慣れていません。だから、それを潜在的に握っていると、無意識であってもとても後ろめたさを感じ、痛く感じたり、怖くも感じるのでしょう。それを感覚的にキャッチするので、人は自分の中にそんな感情があると感じることをとても怖がり、無意識に避けてしまうのです。

そうやって、自分の中にあるもう一つの感情から、あなたが目をそらし、「感情」が未解決のまま置き去りになり、時を止めてしまうと、あなたのエネルギーも流れを止めてしまうので、自然なままのあなたの流れを止めてしまうのです。

あなたが、あなたらしくいられません。だから、とても疲れるのですね。あなたが生きている中で、誰かと会ったり、仕事をさせていただくことが、もしも疲れるとしたら、あなたがあなたではない時なのですね。

感情は滞らせずに、あなたの中を通って、優しく流れていることが大切なのです。どんな感情も流して、流れていることが大切です。流れが止まっている時、私たちは不快感を感じ、苦しみが始まるのです。

いやなことをそのままにして、いやな気持ちから目をそらしたままでいれば、そこがよどみになって止まってしまうのです。

そして、実はうれしい感情も留めずに、大切に感じた後は、流してあげることが大事です。よかったこと、成功したこと、楽しかったこと、それを感じたら、どうぞ、うんと幸せにキラキラ輝いて受け取り、それも優しく流れさせてあげてください。

喜びや楽しさも優しく手を放してあげることが大切。そうしないと、必ずその栄光にしがみつき始めて、心がよどむのです。

私たちの人生はいつも、前に向かって、未来に向かって進化していきます。だから、味わい喜んだら、こだわらないで、優しく手を放してみましょう。

そうすると、人生は先に進み、進化していきます。進化するとは、今、体験している幸せを味わい感謝して、でも、こだわらないでいると、それよりさらなる幸せがまた入ってくるのです。

手放すことは、失うことではなくて、さらなる幸せをキラキラと受け取ることなのですね。

第四章

結び目をほどく

心から優しいエネルギーが出てくると悩みはほぐれ始めます

姫乃宮亜美

22 心のあたたかいところから選択のし直しを

心のあたたかい場所は、エネルギーがあふれているところ。誰にとってもそこは幸せに続く宇宙への扉です。何だかつらい、とても苦しいという時は、必ず私たちは心の中の渇いている部分、冷たい部分、怖れの部分から反応して、そこから私たちの現実が生み出されていることが多いのです。

一人一人が体験している現実は、私たち自身、その現実を体験しているその人自身の心の中から誕生しているのです。

だから、心の中の絡まっているところを解きほぐして、もう一度選択し直すと、人生を本来の優しい流れに戻してあげることができます。

人生でうまくいっていないと感じているところがあるなら、その部分の選択をもう一度、冷たい部分ではなく、心のあたたかい部分から選択をし直してみましょう。

そうすれば、再び人生にはとてもあたたかいエネルギーが流れ、通い始めるでしょう。それは夕暮れに次々と街に灯りがともるように、あたたかい幸せが回復し始めるのですね。

人生はあなたの心の中から、生み出されています。聖なる母性は教えてくれました。私たちのすべてには波動があり、エネルギーを持っていること。

一つの人生の経験は、その物事を見る角度によって、波動は変わり、現実にアウトプットしてくる経験も変わる。

その問題を心のどの角度から見るかによって、私たちの中を流れるエネルギーが変わり、引き寄せていくものが変わるということでした。

どう受け止めるかによって、エネルギーが変わり、私たちの経験は変わっていきます。

すべては、私たちの心の波動によって現実は生み出されてくるのです。

現実を変えてゆくものは、ほんの少しのものの見方の違いでした。でも、とても大きな違いを生みます。聖母意識が教えてくれたそのものの見方により、私は多くのことに気がついてゆきました。

私自身は、聖母意識が教えてくれる優しいものの見方は素敵だと感じたものの、最初はすぐ動くことはできませんでした。なぜかというと、あまりにも優しすぎましたし、あまりにも簡単すぎるように見えたので、そんなことぐらいで本当に現実が変わるなんて思えなかったのです。

しかし、現実の苦しみにたじろぎ、どうやっても解消できないのではないかと思う、八方ふさがりの状態が続いた時、あまりにもつらく感じることがあり、自分の内側を見つめざるをえない状態になった時、はじめて違う角度から問題を見てみる、ということを始めてみたのです。

あたたかい愛の目で問題を見るということ。

不思議なもので、本当に問題が解消に向かい始め、その問題に向き合う中で自然に離れていた人々の心が一つになり、愛が通い始めたり、長年の問題が優しい結果を生み出していくのを何度も何度も体験しました。

そうして、経験によって優しいものの見方を身につけていったのです。

実際に不安や怖れから人生を選んだ時と、あたたかい安心や、優しい気持ちで人生を選んだ時とでは、気持ちも現れてくる結果もまったく違いました。

あたたかい視点からは、あたたかい結果が自然に表れてきます。聖母意識が教えてくれた優しい生き方は、本当に不思議な力を持っていました。

あたたかい幸せを生み出すやさしい生き方は、いのちを視点にしたものの見方から出発します。あたたかいエネルギーが流れる不思議で幸せな生き方です。

歩むたびに愛と幸せな生き方が増えてゆく、まわりにあたたかい笑顔が増えてゆく優しい生き方です。誰もがその生き方を、ほんの少しの気づきから始めることができるのです。

23 怒りの下に本当の気持ちが隠れている
～インナーチャイルドワーク

ある時、一人の女性がこんな尊い体験を分かち合ってくださいました。人生がとてもつらく感じ、苦しいので、今までの自分を変えたくて、その女性は、自分の心を癒すヒーリングに興味を持たれたそうです。このように内面に興味を持ち始めることは、美しい精神世界の始まりですね。こんなふうに私たちは、さまざまなきっかけから、自らの内側に意識を向け始めます。

その女性はたくさんの癒しについての本を読み、情報を集めて自分を癒してくれるものを一生懸命探されたのだそうです。そして、その女性が始めたのは、子供時代にまで記憶をさかのぼり、癒されていない自分の心を優しく癒してゆく、「インナーチャイルドワーク」と呼ばれるものでした。

子供の頃に形成された心の傷やブロックに気がついて、ほどいてゆくセラピーです。

その女性はまず、思い出せるだけ、自分の過去をふり返ってゆきました。

子供の頃を思い出し、その頃の情景を心に浮かばせ、思い出されてくるものを見てゆきました。すると、思い出すたびに、胸がぎゅっと冷たく固くなり、何とも表現しがたいいやな気持ちが心の中に広がるのを感じたのです。

それにふれて感じてみると、それはどうやら怒りの感情であることが見えてきました。

その何ともいえないいやな感覚は、いつも、人を愛そう、あるいは愛を受け取ろうと、愛に向かって心を動かすと、いつもむくむく湧いてくる「いやな感じ」で、愛を感じると同時になぜか素直になれず、ぎゅっと心が固くなる原因であることにも、女性は気づいていったのです。

そして、さらに深く見つめてみると、その怒りのエネルギーはいつも、ある特定の人に向いていることに気がついたのです。

その怒りの矛先は、その女性のお母さんと弟さんに向いていました。

子供の頃からその女性の目には、お母さんが弟ばかりを大事にするように見えていたのです。たとえば、子供の頃 弟さんとおもちゃの取り合いになった場合、それは自分のおもちゃなのに、奪おうとしたのは弟なのに、お母さんはいつも「お姉ちゃんなんだから、我慢しなさい」とおもちゃは弟にあげてしまいます。

これは、よくあることかもしれませんね。お姉ちゃんだからという理由で、いつも我慢させられ、いつも損をするのは自分、そう感じていたのです。弟ばかりがいつも、まわりの愛と注目を集めて幸せにみえる。

そんなエピソードが次々思い出されては、彼女は凍結されていた怒りが溶け出したように、怒りを覚え直したそうです。彼女は怒りが激しくて、すっかりいや気がさしてしまい、インナーチャイルドワークは中断。日々、湧きあがる怒りを何とか浄化しなくてはと。

そんな頃、彼女はある雑誌にのっていた私のメッセージを見つけてくださったと言います。記事に掲載されていた、私のこんな内容のメッセージを読んでくださったそうです。

「心の中の本当のことを、のどを使って声を出し、伝え始めると、滞ったエネルギーが解放されて、状況にも光が伝わり、あたたかな癒しがもたらされるのです」

そう伝えていた私のメッセージを見つけてくださり、頷いてくださったのだそうです。「これだ！」と、彼女はずっと自分の中に抑圧され続けたものを、勇気を出して表に出そうとコミュニケートを始めたのです。ヒーリングが起こると信じていたからです。

「お母さん、私はずっと今日まで怒ってきたの。私は子供の頃からずっと我慢してきたの。お母さんが弟ばかりかわいがるから、私はとても傷ついたの。あやまってほしいの！」

女性は自分の中の怒りを解放するために、そのまま、「怒り」を語らなければならないと思ってしまったのです。私の本音は今も怒っている、と！

ところが、状況は癒されるどころか、逆のことが起こってしまいました。

お母さんは当然、娘を愛していて、そんなつもりはなかったので、びっくりされ激しく動揺なさるとともに、「いきなり何なの？」と怒りも出て、親子の間が以前よりぎくしゃくしてしまったのです。

そう、怒りをぶつけると、相手を傷つけるか、やっぱり同じだけの怒りで返ってきてしまいますね。これは、癒しを望む心さんがよく間違えやすい問題なのかもしれませんね。

「**本当の心を語るとヒーリングが訪れます**」これは本当です。

しかし、お人の心の状況によっては、自分の「**本当のこと**」が見えていない場合があるのですね。実は怒りというのは、心の反応であって、本心ではないのです。この場合、本心は別にあって、怒りはそれを隠すように現れます。

怒りのエネルギーというのは、大切なものを覆うカバーのようなもの。一番ピュアで美しいものを隠すために、使っているエネルギーなのです。

つまり、怒りがあるところには、必ず「とてもピュアで透明なきれいな気持ち」が隠れています。

しかし、心の奥に怒りを見つけたからと、「私は怒りを感じている」「私はあなたが嫌い」とそのままの怒りが自分の本心だと勘違いをしてしまう方はとても多いのです。だから、怒りを外にぶつけてしまうことがあります。けれども、それはあまりうまくいかないことが多いでしょう。本当に伝えたいのは、怒りではないからです。

私はご縁の糸に引き寄せられ、当時のこの一生懸命な女性と自然な形で、出会わせていただきました。そして、お茶などをご一緒させていただく中で、その一連のお話を一つ一つお聞きし、頷きながら、受け止めさせていただきました。

そして、こうお話したのです。

「怒りはね、本心を隠すカバーのようなもの。その下にこそ、あなたの本当の気持ちが隠されているのですよ。なぜ、怒っているのか？　何がこないから怒ったのか？

あなたには理由があったでしょう？

怒りには必ず理由があるから、怒りの下に本当のあなたの気持ちがあるはずですよ。

それは、どんな気持ちなのか？　それはたいてい、とてもきれいな、けな気な気持ちであることが多いのです。その奥のきれいな気持ちのほうが本当の気持ちなんですよ。おかあさんに届けたいのは、そちらのほうだったはずよ」

すると、女性はびっくりした顔をして、ふっとしばらく考え込むような表情をし、それからハッとした顔をして、はらはらと涙をこぼされました。

見ているだけで、わかります。

それは、透明で濁りのない、きれいな涙でした。あたたかい涙でした。

心が安心を見つけた時、ほんのりピンクの頬に流れる澄んだ涙です。その女性は、答えを見つけられたのです。

激しい怒りで、彼女がずっとコーティングし、隠し続けてきた本当の心、それは……。


「愛されたいという気持ち」でした。


大好きだから……。

お母さんが大好きだから、私もお母さんに愛されたかった。大切にされたかった。

自分も大事にされていると感じたかった。

弟のことも本当は大好きだから、心通わせたかった。でも、そうできない自分が苦しい。

二人が、大好きで大好きで、たまらないから、素直に「大好き」って本当は言いたかったけど、できなかった。

それが、伝わらないから、苦しくて、混乱して、怒りになっていただけなのです。

「今ならわかりますよね？　その純粋な気持ちがあなたの本心なのですよ。あなたの本心は怒りではなく、その下のお気持ちなのですよ」

彼女は怒りをぶつけて、お母さんを傷つけてしまったことを悔いて、顔を覆って泣きました。

けれど、癒しに遅すぎることなんてないのです。

「大丈夫。そのまま、その純粋な気持ちを伝えてごらんなさい。ヒーリングに遅すぎるなんてことはないから」私はそう励ましたのです。

彼女は何度も頷いておられました。

純粋なその女性からは、ずっと抑圧してきた気持ちがあふれ始めました。

お母さん、大好き。

お母さんに喜んでもらいたかった。
大好きだから、愛されたかった。
お母さんの役に立ちたかった。

「愛されたくて……でも伝え方がわからなくて、うまく通じ合えなかった心を、私はとてもさみしく感じていたの」と。

彼女はドキドキしていたけれども、勇気を出して、それをお母さんに伝えにいきました。
たどたどしくて、うまくできそうになかったけれど、正直に、不恰好でも、そのままのあふれるハートからの気持ちを。

お母さんに、怒りではなく、愛を伝えたのです。

ピュアな波動というのは、ちゃんといのちに伝わって癒しの波動を揺り起こしてゆきます。彼女の純粋さと素直でピュアな気持ちは、お母さんの魂にも癒しの共振を起こしました。

お母さんにもヒーリングの波が広がったのです。

実は、お母さまもまた、傷ついていて、子供たちが小さいうちから、自分は、よい母親ではないのではないかと、どこかで子供たちに疎まれているのでは？　嫌われているのでは？　と怯えていらしたのだそうです。

お互いにさみしくて、自信がなくて、愛されていないのでは？　と怯えておられたのですが、愛の伝え方が誤作動を起こしていただけだったのですね。人間だから、誰もが完璧ではないし、不器用でうまくできない時があるけれど、けれど、そこには純粋な愛が芽生えてゆきます。そして、その真心を伝えるほんの少しの勇気があれば、お互いに愛されていたと、心に安らぎとともに、あたたかいものが通い合うのです。

一人が自分の本心から目をそらさず、真実を表現し、愛のエネルギーを流れさせると、深いところから滞っていたエネルギーが解放されるので、すっきりして、優しい奇跡は起こるのです。

彼女は親子で、ヒリヒリからではなく、あたたかい安らぎのエネルギーから出会い直したのですね。

愛は、分離し、さえぎられていた二つのものに、優しい橋をかけてゆきます。

「怒り」は、その奥に、本当に伝えたい純粋な気持ちを覆い隠しています。

「怒り」が、心に感知されているなら、その奥には必ず、純粋でけな気で優しい、あなたの本当の気持ちがそこにあります。怒りや恨みの奥には、必ずあなたの優しい気持ち、優しい願いが隠れているものです。

「怒り」ではなく、「怒り」の奥の、その純粋な自分の心に素直になると、とても美しい癒しが起こります。一人に芯からの癒しが起こると、自分だけでは終わらずに、関わるすべての人のハートからハートへと、さざ波のように癒しの力が広がるのです。

純粋な気持ちで、愛する人と出会い直せる幸せ。

それはあなたと愛する人々に優しい橋をかけてくれます。


そして、世界は優しくなるのです。

24 怖れの中の優しさ

誰もの足を止めてしまうものがあります。それは、「怖れ」です。

前に出られないのは、「怖れ」があるから。自分が保身するのは、そこに「怖れ」があるから。

誰かに意地悪したくなり、誰かの幸せを喜べないのは、そこに「怖れ」があるから。

優しさを否定して、ずるくなければ生きられない、優しさなんてきれいごとだと笑うのは、信じることを、「怖れている」から。

幸せではない気持ち、不完全燃焼の影にはいつも、「怖れ」があります。嫌いな人に会いたくないのは……。誰かに何かを言われたくなくて、ビクビクしているのは……。

そこに、「怖れ」があるから。

「怖れ」は、自分自身で見たくないもの、目をそらし続けているものを、いつまでも見ようとしない時に現れてくる愛の声です。

すべてのものの中に優しさがあります。たとえば「怖れ」の中にも優しさはあります。

怖れに出会うのは、

「さあ、もう目を覚ます時間ですよ」と、あなたに愛の声が届いているから。

怖れが出たら、あなたはとてもいいラインに到達しています。

その怖れを一本の線だとしたら、その一つの線から向こうは、目を覚ましていく優しい世界が広がっているのです。

怖れには、あたたかい光のまなざしがとてもよく効きます。

怖れていることから、目をそらしている間は、怖れはとても巨大で深く、重く、大きく見えます。

しかし、何を怖れているかに、しっかりと目を合わせてあげると、怖れは、たゆたう煙が空気に溶けてゆくように光に溶けて、消えてしまいます。

それは、実体のない幻想だからです。

あなたが、何を怖れているのかを一つ一つ耳を傾けてあげましょう。

それは、あなたが自由になる道。優しい息ができる道なのです。

怖れはあなたの日常のあらゆるところにかくれんぼをしています。

たとえば、望んでいるはずなのに、望み通りにならないところや、いやな気持ちになるところ、とても腹がたつところ、どうしても嫌悪の気持ちが出るところ、どんなに努力しても動かない現実の場所には、怖れが隠れています。

また、自分がイライラするところ、自分でも思っていないところで強く出てしまうところや、傷つくところ、必要以上に恰好をつけているところなどにも、怖れが隠れています。

うまくいかないところ、望んでいてもそうならないところ、スムーズにいかないところにも、怖れが隠れています。

怖れは無意識の時、無自覚の時が一番、強烈に怖ろしく感じます。怖れをほどくには、自分が何を怖れているのかをていねいに見てあげることなのです。

怖くていやだと思ったら、自分は何を怖がっているんだろうと、自分が怖れているポイントをあたたかく理解し、でもていねいに見てあげましょう。

人に嫌われるのが怖いのか、自分の本性が素敵じゃないと感じていて、それがまわりにばれてしまうのが怖いのか……。

「一人になるのが怖い」「お金がなくなるのが怖い」「人が離れていくのが怖い」「リストラされるのが怖い」など、何を怖れているのかを、ちゃんと感じてあげましょう。

そして、それを感じてあげられたら、それが起きたらどうなると思っているのか、に気づいてあげます。

そこに、あなたが今、現実を創るのに使っていた「視点」があります。あなたが世界をどう見ているのか、信じることを採用した考え方がそこにはあるのです。まずは、自分が何かを怖れるために使っていた無意識の癖に優しく気づいてあげましょう。それを消してゆくためには、あなたの心と言葉と行動を一つにさせます。あなたが心から思う本心を、のどを通して言葉にして表現してゆきます。怖れていることではなく、心から望んでいることを、声に出してゆきます。そうすると、怖れは形を維持することができないのです。

優しく溶けてゆきます。

何らかのあなたの思い込みが、あなたを足止めしています。それが溶けてしまうと、あなたの人生は前に進みますよ、と、それに気づかせてくれるために、「怖れ」はやってきます。それがほどけると、あなたの中を流れるエネルギーが変わるのです。怖れは認めれば、きれいに消えてゆきます。怖れがなくなれば、滞っていたエネルギーがすっきりして、現実もスムーズに流れ始めるでしょう。

25 受容の法則
～「嫌い」を捨てると現実が変わる

私たちの日常では、運命を幸せにできるチャンスは至るところにあふれています。ほんのちょっとの気づきがあれば、運命は開き出してくるのですね。

たとえば、こんなことがありました。

最近はカフェなどでも、タバコの分煙を配慮してくださるようになりましたが、まだ分煙が進んでいない頃のこと。私は親しい友人たちと喫茶店でお茶を飲んでいたのですが、隣のボックス席から流れてくるタバコの煙がちょうど私たちの中の、ある位置に座っていた人の場所に流れていました。

その位置に座っていた友人は、実はタバコが本当に嫌いな人で、何度も何度も流れてくるタバコの煙にだんだんイライラしてきたようで、煙を手で何度もはらい、隣でタバコを吸っている方を振り向いて、ついつい、にらんだりし始めました。

隣の席の方はかなりのヘビースモーカーで、煙はもくもくです。私が座っていたのは、彼女の向かい側で、私の席には風向きの関係なのか、煙は全然流れてきていませんでした。

私もタバコは吸いませんが、よほど体調が悪い時以外は、特に神経質になる方ではなかったので、私は煙で居心地が悪そうな彼女に声をかけ「大丈夫？　よかったらこちらにどうぞ。場所変わろうね」と申し出ました。彼女は「ありがとう〜。助かるわ〜」と、とっても喜んでくれて、私たちは席を交代しました。

ところが！

さっきまで、私が座っていた時には、煙はまったくきていなかったはずなのに、まるでセンサーでもついているように、煙は流れを変えて彼女を探し当て、ついていったのです。

さっきまで、煙が流れてきていたはずの位置に座った私の席には煙はなく、逆にさっきまで快適だったはずの場所に座った彼女に、再び煙はもくもくと流れます。

白くたなびく煙が彼女についていくのを見て、一連の流れを見ていた他の友人たちも、

「どうして〜」とびっくりしていました。

さっきまで、彼女が苦しみ、煙でいっぱいだったはずの席に座った私には、なぜか煙はきません。彼女は煙に弱いのでしょう。半分泣きながら、「どうしてこうなるの〜」と戸惑っていました。その友人は、「愛のエネルギーの法則」といういのちの視点に興味を持ってくれている人でしたので、私は「ねえ、試してみない？」と話しかけました。

「こうしてみて？　胸に手をあてて、自分のいのちにこう話しかけるの。

私は、煙を嫌う気持ちを手放します。何かを嫌う気持ちを手放します。許せないという気持ちを手放します。その手放すチャンスを与えてくれてありがとう。

そう煙さんに感謝するのよ」

友人は、あまりのことに少し戸惑いびっくりしながらも、素直にやってみてくれました。

とても小さな声のかわいい祈りでした。胸に手をあてて、「嫌いを手放します……」と、声を出してくれました。

一同、そんな彼女を見守ります。

すると、彼女が祈ったとたん、体を動かしてもいないのに、すすす〜！　と、煙がゆらいだかと思うと、煙は流れを変え、彼女からそれて、空中に消えたのです。

それを見ていた他の友人たちは、驚嘆の声をあげ「すごい‼」とびっくりしていました。

愛のエネルギーの法則、「受容の法則」という、宇宙のエネルギーの法則が目に見えて現れたからです。そう、時に、愛のエネルギーの真理は、私たちの暮らしの中でこんなふうに姿を現します。目には見えない愛のエネルギーの法則は、目に見えてこの世に現象となって現れます。

不思議なもので、私たちは、よくいろんな暮らしの場面でこれをやります。

本当にいやなのに、嫌いなのに、その嫌いなものから逃げても、逃げても、逃げられない……。

何かを嫌っていると、場所を変え、ものを変え、人を変えて、その嫌いなものが繰り返し、人生に姿を現し、まとわりつきます。

友人が、煙を引きつけていたもの、それは何かというと、その人の中の「嫌い」という否定の気持ちでした。

「嫌い」という気持ちは、その嫌いなものを引きつけるセンサーのようです。それがあるところをめがけて、そのエネルギーはやってきます。

何かを「嫌い」「絶対認めたくない」という「否定」の気持ち。それを握っていると、それが、その嫌いなものを引きつける磁石になるのです。そのものを強力に引きつけてしまいます。

しかし、そのいやだと感じるものがまとわりついて、何度もくるのは、あなたが、その苦しみを引きつける原因を手放すチャンスをくれているんですね。

それに気づいた時に、その経験は終わります。気づきをもたらすためだけにその経験があるので、気づいてしまえば、もういりませんものね。だから、自然に離れ、いやな現象が消えてゆくのです。

「嫌い」は認めないエネルギー。

「否定」のエネルギー……。

もし、繰り返されるいやで不快な経験があるなら、その時は、「無意識に何かを否定し嫌悪するエネルギー」がそこにあるのです。けれど、それを手放すチャンスが今、巡ってきてくれたのですね。そのことに優しく気がついて、そっと胸に手をあて、自分のいのちに話しかけるように、私は「**受け入れます。この嫌いエネルギーを手放します**」と、祈りますと、ただそれだけでもエネルギーは一瞬で変わり、体験が変わります。

避ける、逃げるのではなく、ハートを開いて、むしろ「おいで」と招き、「受け入れた」時、あなたは、その苦しみを終了することができます。

だから、あたたかく、優しく、受け入れ、受け止めた時、あなたには素敵な幸せが始まるのです。

26 過去の痛みをあたたかく受け止め、学び直す

あなたの過去は、あなたに優しいですか？

「過去」から「現在」の心の動きが、気持ちよい流れを作り出していますか？

何年もたっているはずなのに、思い出すたびに、まだ生々しい痛みや苦しみを持つ過去

の出来事というものがあなたにはありますか？

たとえば、過去の恋愛の痛みがまだ苦しみとして残っていて、愛することに躊躇していたり、かつての経験で傷ついて臆病になっているとしたら、そこには内なるあなたからのメッセージがあります。


大切に耳を傾けてあげてください。

たとえば、何度恋をしても、恋愛の終わりはいつも傷ついて終わる、などパターン化した苦しみがあったり、お友だちを作りたいと、最初は勢いをつけて仲よくなるけど、つき合ううちにいやなところが見えてきて、自分から距離をおくようになるパターンばかりだとか……。

夢実現の企画書を作って、お話がいいところまでいくけど、必ず途中でいつも話が立ち消えになるなど、残念な結果がパターン化し、繰り返している体験の「型」がある時。

また、街でばったり会ったら、さっと隠れたい誰かがいるなどの場合。

あなたのエネルギーフィールドには、過去で止まったまま、流れを止めている場所があるのです。

地球が、次元上昇を始めると、私たちの内なるエネルギーが刺激されますが、その時それらのように未解決で、完了していない問題がありますと、それがエネルギー的な重さと固さとなり、あなたの次元が上昇する時に、抵抗を生み出します。

この抵抗が、苦しみとなり、恐れとなって、あなたの暮らしにつらさとして感じられるのです。

過去の学びを完了させてあげると、未来が優しくなるのです。

私は時々、街を歩いていて「あれ？」と感じる時があります。

たとえば、変化の時期がきているなと感じるタイミングの時に多いのですが、よく新幹線の中とかホテルのロビーとか、街の中などですれ違いざまに、かつての知り合いと似ている方とすれ違うのです。

あら？　と気づいた時は本当に似ていらっしゃるので、ご本人かと思い声をかけようとしてしまうほど似ている、そんな人とすれ違い、誰かを思い出すきっかけをいただくのです。それは、学生時代の友人だったり、懐かしい知り合いだったりさまざまですが、ここ最近の私の日常には身近にいない懐かしい人々です。

今はもう、連絡先もわからなくなっていて、懐かしく思う人々。

また、昔、悩んでいた時代によく聞いていた曲に街で出会い、ある時期や人を、「曲」を通して懐かしく思い出す、ということもありました。

こういう時は、「ああ、あの人、お元気かしら」とか、「わあ、この曲懐かしいな」とか、過去を象徴する何かに出会い、心が動く時は、その方々と共に過ごしていた時代や経験や、当時の気分などをともに思い出させてくれますね。

実は、魂にとって、このような「懐かしい！」という気づきは、意味があるのです。

それは、今の自分が、かつてその人々といた時代に学んでいた学びや気づきを思い出すことで、深い進化を遂げる場合ですね。

「あの頃のように、純粋に人生を楽しんでみては？」とか、「あの頃、こんなテーマを学んでいたよね。今はどうですか？」とか、「一生懸命、一心に打ち込めば必ず道は開かれたよね」などのように、内なるエネルギーが、応援するために、気づきや力をくれたのですね。

だから、私は「懐かしい」何かに出会ったら、必ず当時をしみじみと思い出して、当時のメッセージを味わい、今の自分に受け取り直しています。昔の「気づき」を、「今の自分」

で、アップデートするのですね。

そして、逆に、昔のお知り合いに似た人を見かけて胸が痛んだり、昔の音楽を聞いて、いやな気持ちを思い出し、「聞きたくない！」と思う時は、その当時のあなたが、学び損ねているものを受け取るチャンスが今、きているということです。

あの頃は無理でも、今の自分ならできるから、かつて「統合」しそびれたものを、今、答えを出してみませんか、と。

それは、表面の自分には見えないことが多いのですが、そのかつての学び損ねているものが、あなたの現在の苦しみや停滞の原因とリンクしているのです。

学ぶはずだったものが、学び終えていないために、あなたが本道に行けないでいる場合など、ですね。

あなたがやりたいことがあるのに、チャンスがこないとか、努力しても報われないとか。あなたの運命が引っかかっている場所と、同じブロックがある場所です。

だから、今はもう身近にいない人でも、その過去から何を学び損ねていたのか、気づいてみましょう。

あなたを裏切った人から、あなたを傷つけた人から何を学んだか、全身から汗が吹き出すほどの恥ずかしい経験から何を学んでいたのか。それらの学びを今のあなたで、受け取ってみませんか？

かつての経験の苦しみや痛みがまだ消えていないのは、実は私たちのほうがその痛みを手離そうとしていないからなのです。まだ、気づきが残っているから。

それを大切に受け止めると、人生のステージは自然に先に進み、らくになっていきますよ。まだヒリヒリする過去をお持ちの方は、あえて今のあなたでその過去から、学び直してみませんか？

気づきはあなたに優しい人生をギフトしてくれるからです。

過去があなたに優しくなった時、未来があなたにあたたかく微笑みかけてくれるでしょう。

27 子供から「学ぶ」広い心
～親の魂の先をいく子供の魂

人間関係はいつも私たちにとって最高の学びです。特に最高の学びを与えてくれるのは、「家族」というグループです。「家族」という存在に対しては、一番あたたかく深く、また同時に一番難しく悩みやすい学びがここにはあります。

家族といういのちのグループがどうして難しいといわれるか、と言いますと、一つは、自分から少し離れていて距離があるご関係ですと、優しくすることも、相手の間違いを流してあげることもできます。少しの距離があるため、よそゆきの顔を出せるので、優しくなれる余裕があるからですね。けれども家族などのように、深く関わり合う人々は、そうはいかないでしょう。なぜなら、素の自分を知っている人たちだからです。しかし、いのちの視点で見つめてみると、もう一点ここに気づきが生まれるのです。

ここにも、うまくいかないよどみや苦しみがあれば、その結び目をほどいてくれる、優しいものの見方があります。人間関係はどんなものも、「鏡」として、私たち自身を教えてくれているのですね。どんな人もどんなものも、出会う人、出会う人はみんな、自分の一側面を見せてくださいます。

人間関係は、あなたを見つめる鏡なのです。魂が成長するために、引き寄せ合う強い縁があります。そして、そんな中でも、「家族」というのは、一番自分の奥のものを映し出す「鏡」なのです。必要だから、そこにいてくれるのですね。

特に澄み渡った鏡は、親子関係、夫婦関係、兄弟姉妹などでしょうか。あなたに近しいご関係ほど、仲がよい悪いに関係なく、深くあなたを映してくれる鏡になります。

近い関係は、あなたの中の素敵な資質、魅力的なところを反射させてくれるあたたかい鏡なのです。家族の素敵さ、家族のあたたかさ、家族の明るさは、あなたの中の素敵な光を見せてくれています。それはあなたの中にも同じ資質があるのです。だからあなたにも見えて、とてもあたたかく感じられます。

しかし反対に、家族だからこそ、素敵な部分だけでなく、実は自分が隠しておきたい部分、抑圧している部分、ボタンをかけ違えている部分を日々の中で、目の前に映してきます。だから、なかなか難しいといわれるのでしょうね。

自分が認めたくない部分、自分が強烈に嫌っている内なる部分を見せてくれるのが、家族です。素であり、隠せない間柄だからこそ、よくそれが出てきます。

私たちが深いところで変わりたいと願っているところが、その関係の中には映っています。

たとえば、子供はなかなか親の思うようには動いてくれません。心配していても、それが伝わらないことも多いし、言ったことをやってくれない時もあります。

優しいお母さんですと、子供のすべては親の責任と思うので、その責任感がいつの間にか親の心から、ゆとりを消し去ってしまうこともあるでしょう。こんな時、いのちの視点からものを見ると、一つの関係を通してヒーリングが始まるのです。

たとえば、子供たちが勉強しないで、ゲームばかりやっているという時、「宿題したの？ちゃんと勉強しなさい。あなたの将来のために言っているのよ」というものの、いつまでものんびりしているお子さんたちの姿にイライラするような時、そのイライラがある場所に、あなたの人生を幸せにぬりかえる、大切な気づきがあります。

「家族」は、一番の魂の学びです。

この時、視点を変えてみるのです。

いのちの視点から親子関係を見てみると、同じ経験がまったく変わってくることがあります。親子関係では、肉体年齢は親のほうがもちろん上なわけです。しかし、いのちのシステムから見ると、子供というのは、親の魂よりも先をいく魂が子供として降りてくるようになっています。

魂の視点では、子供は親を導く存在です。ですから、「親の心」の中に、子供を所有しているというような錯覚がありますと、その所有の痛みがあるところにイライラさせられてしまうのですね。子供は天からのお預かりものです。だから、「子供から学ぶ」というあたたかな広い心に気づいた時、かけがえのない優しいものが親子の間に流れるようになります。子供は育つ環境の中に流れる、そのあたたかいものを忘れません。それは、まるで幸せを祈る美しい祈りのようですね。どのようなお姿であっても、子供は親の言動の影響を受けていきます。「子供から学ぶ」そこから生じるあなたの中の素直さや、謙虚さは、子供たちの魂を大切に扱っているというかけがえのない優しいメッセージを無言のうちに送り、流れるエネルギーが変わってまいります。

優しい視点が、やわらかい天界の雪のように、いのちの中にふりつもると、そのあたたかく深い愛の光が子供たちには通じていきます。もし子供たちが優しい窓なら、あなたと一緒にいない時でも、子供たちという窓からは、あなたが奏でたそのいのちの優しさが光となって世界にさしこみます。

あなたが子供たちに接したものと同じ優しさが子供たちから出て、彼らもまた優しくなるでしょう。

28

学びの相手はそばにいる

～人間関係は自身を映す鏡

私たちは「人間」です。人間と書いてみるとわかるように、私たちは人と人との間で学ぶようにできているいのちの存在です。人は人を通して美しく成長させていただけるのです。私たちの魂をいのちの光だとしますなら、そのいのちのまわりが汚れて曇っていますと、本来のお力も、本来のいのちの中に入っている幸せを、花開かせて出てくることができません。

やりたいことがあっても、止まります。いのちの光をさえぎるくもりがあると、光がさえぎられるので、幸せもさえぎられてしまうのです。

いのちの光は、あたたかい愛の気づきを迎えたり、相手のせいにせずに自分から変わる時、そして、真心から愛を表現できた時などには、魂が磨かれて、いのちがきれいになるのです。

その磨かれた分、魂が澄み渡るとそれが「霊格」という霊的な格となり、人格にもまばゆくあたたかく映り始めます。霊格は、魂の成長度のことですが、私たちが人間関係で出会う人は、この成長度が同じくらいの人と身近に出会うようになっています。

だから、私たちの内的な成長が進み、魂の段が上がりますと、一番わかりやすく変化するのは、人間関係です。ですから内面の波動が高まると、現実ですべてではないものの、よく人間関係の移動が起きます。内面の成長とともに新しい出会いが訪れたり、自然に疎遠になっていく人とがあります。私たちはつい抵抗したくなる時もあるのですが、やはり人間関係は、いつでも自分自身を映す鏡なのですね。それをあたたかく受け止めていきますと、一つの大切な真理が人間関係には表れています。

それは、今、あなたにふさわしい人がそばにいてくださるということです。

特にパートナーシップには、それが顕著に出ます。あなたの魂が、輝きたいのだけど輝ききれない、見直す必要があるところを教えてくださっています。

パートナーはより親密に愛を見つめる関係ですから、より深い気づきをあなたにもたらしてくれます。一番あなたのふれたくないところ、認めたくないところをとても大きく映し出します。ですから、とてもパワーがいる時は確かにあります。しかし、成長できていないところに直面する時は、なかなかつらいものですが、わかり合えて、心が近づきあたたかい愛を分かち合えるのは、とても素晴らしい体験です。あたたかいこと、幸せなこと、楽しいことも広がってゆきますね。

もし、パートナー間に不調和や幸せではない状況が現れてきていたら、あたたかいいのちの視点でその関係を受け入れてみてください。パートナーを見て、「いやだな、これは、私じゃない、悪いのは相手だから」と、受け入れられない時は、その抵抗や関係の緊張感は長く続いてしまいます。

あなたのパートナーシップに優しい癒しをもたらすのは、やはり、あたたかい愛の気づきなのです。パートナーとの間に苦しみが現れたら、まずは、自分の気持ちを押しつけたり、あるいは逆に気持ちを引っこめてコミュニケーションをやめてしまったりしないで、一度大切に向き合ってみてください。

パートナーやそれ以外の誰かとでも、お人と何らかの不調和が生じた時は、私たちは心を洗わなければならないのです。つまり、自分の思い込みや何らかのエゴに気づかなければならないのです。

何に気づかなければならないか、何を手放せばいいのか、それがわかったら、その苦しみを引き寄せていたあなたの中のエネルギーが解放されて、愛のエネルギーが交流できるようになります。大切なことは、相手の性格のせいにしたくなる気持ちを優しく手放して、自分の成長や気づきを探し、苦しみ同士で引き合っていたあなたの波動を変えて、二人の間に橋をかけていくことなのですね。

出会いに偶然はありません。あなたとパートナーが今一緒にいるのは、あたたかい意味があります。その人はあなたの魂を美しくしてくれる人です。あなたのあたたかい愛を引き出してくれる人です。

その答えが見つかれば、あなたからあふれ出すバイブレーションによって、パートナーも自然に変わり始めます。あなたが先に変わることは、あなたが我慢することとは違います。大事にされたいという願いをあきらめることでもありません。ただ、魂がその時の答えに気がついて、一段、波動を上げた時、あなたのパートナーシップも、幸せに向かいはじめるのです。

29

体はあなたにメッセージを告げている

病になると、私たちはとても不安になり、心細くなるものです。
けれど、病をいのちの視点でみると、また新しい気づきが生まれ、力が湧いてきます。

私たちにとって、病として出る肉体の症状というものは、サインであり、メッセージです。
それは、あなたのいのちからのお知らせです。

病になるという経験があるのは、

「**今のあなたの生き方、考え方、心の使い方**が、**内側の本質の優しいものとフィットしていませんよ、だから変える時期がきましたよ**」

というお知らせなのです。けれど、病になってしまったお人から、よく出てくる言葉がありますす。それは、「**病と闘います**」という言葉です。この言葉は病になった時、多くの場合には、前向きな言葉として語られます。

でも、私たちをあたたかいいのちの光として見た場合、心身が「すこやかさ」を取り戻す時に必要なのは、自分のいのちと闘うことではなく、**いのちと調和する優しさ**のほうなのです。私たちがすこやかであるためには、私たちが私たち自身のいのちの声に耳を傾け、自らのいのちの波動とフィットしていないものを、本来の心地よさにピントを合わせ直すため、生き方を変えてゆく必要があるのです。

病という現象が癒されるためには、肉体へのアプローチと同時に「気づき」という心のアプローチが必要です。

いのちとは、自分自身そのものであり、自分の本質そのものですから、いのちの声を聞く、いのちを感じるとは、「自分の声を聞く」「自分を大切にする」ことなのです。病など、体に出てくる不快な症状は、あなたの普段の心や行動が、本来のあなたの波動から離れている、本来のあなたらしさが隠れている不自然さを、体というスクリーンに映しているのです。

始まりは、シンプルなほころびに気づくことです。寒いと体が感じたら。あたたかくしてあげる。暑いと感じたら、涼しくしてあげる。疲れたと感じたら、休んであげる。

たとえばこんなふうに、言葉にすると当たり前で、簡単なことと思えますが、意外と私たちは大事にできないものなのです。

体が寒いと感じても、面倒だから我慢しよう。疲れた、寝たいと感じていても、仕事が終わらないからそうも言っていられない、と休まない。

体がおなかいっぱい、苦しいといっているのに、もったいないから、と食べてしまう。

長年にわたって、本当は自分のいのちから届いていた「声」を私たちは打ち消して、自分の体のサインより、自分の都合のほうを優先させてしまうことが多かったことでしょう。

私たちは、便利すぎる時代に生きているために、何よりも大切な、自分を感じるという感性を置き去りにしてしまっているのです。心が鈍くなり、自分に必要なものを感じられないということが起こっていたのですね。

いのちは、自分をすこやかに保つために、病になる前に「疲労」が蓄積してるから、休もうとして眠くなる、体に未消化なもの、毒素があれば、それを分解して排出してくれる食べ物が自然に食べたくなるようにできています。

でも、「今日は何を食べたい？」と聞かれても、「何でもいいよ」と答え、今は、自分が食べたいものがすぐ出てこない、それくらい自分のいのちの声を感じられなくなっていて、自分に耳を傾けるより、らくなほう、面倒ではないほうという選択をしてしまうことがありますね。

そんなふうに、肉体を取り巻く環境の不自然さとともに、私たちの肉体の奏で方、つまりいつも怒っていたり、くよくよしていたり、気分屋だったり、ネガティブに考えたりしていると、そのたびに、心臓はドキドキしたり、自律神経が乱れて眠れなくなったり、胃が痛んだりしてしまいますね。

私たちの「心の使い方」や「考え方」「性格」が、いのちを心地よいものとしていない場合、体にはそのたびに負担が蓄積してゆきます。

自分を応援せずに、「私はだめだ。あの人に比べて私はどうしてこうなんだろう、また';だめだった」というように、自分にだめ出しばかりしていたり、「自己嫌悪」が強くて、自分を無意識にさげすんでいたりすると、その内なる態度が自分の生命力のオーラを消耗させてしまうのです。それで、たとえば、血圧が上がったり、疲労したりして、消耗します。私たちのものの見方、考え方が、体に負担をかけているのですね。ですから、症状が肉体に出ている時は、適切な治療と同時にその内なる態度を優しく、思いやりにあふれたものに変えなければならないのです。

だから、まずは軽い頭痛や、ふと出てくる口内炎や、湿疹や風邪など、最初は軽い症状で、いのちは「声」を出してきます。

それでもいのちに振り向けないと、もうこのままでは限界、とメッセージを出してくる大きな声こそが、病なのです。

病になったら、それまでの自分の生き方、考え方を変える時なのです。病は、本来の自分に気づかせてくれる、お知らせです。病も本当はありがたいものです。

病をいただいて、私たちは幸せな自分の人生へと、心を入れ変えていけるのです。だから、病と闘うのではなく、それまでの自分の生き方を振り返り、あたたかく理解して、自分を苦しめていた生き方を変えていく、病とはそのための道しるべでもあるのです。

病を治す力を高めていくには、自分の体と闘うのではなく、感謝すること。

現れた病と症状を、感謝で受け止めてあげる、そこにある自分の声に気づきましょう。病になったら、大切なことは、闘うことではなく、自分との仲直りです。自分を苦しめる考え方や生き方を変える、そのあたたかい気づきとあたたかい変化こそ、治癒力を湧かせる光の妙薬なのです。

30 安らぎというのちのお薬
～消化されていない心を知る

私たちは、エネルギーという、目には見えない光の体を持っています。そちらのほうが私たちの本体ですが、それは目に見えませんね。だから、わからないと思います。しかし本当は、わかるところに見えてきます。それが、私たちの体と運命です。

たとえば、あなたの内側でどのようなエネルギーが動いているのか、体はそれを映すスクリーンです。私たちのいのちには、川のように流れがあって、流れる方向があります。そのいのちの流れに沿うものが、いのちにとって自然なもので、その波動の自然さは、生命力を増し、健康にし、運命を幸せに開いてくれる幸運として、人生に姿を現します。

本当はとても、シンプルです。

たとえば、あたたかい、優しい、うれしい、楽しい、心地いい、明るい、ありがたい。

よりよくなる、より素敵になる、調和する、心が一年前よりさらに充実している、などなど……。

こんなふうにうれしくて幸せで、でもどんどん進化し、成長していく充実感が感じられるのは、いのちを健康に、幸せにしていく高い波動を持っていて、癒しの力を持っています。本来のあなたの波動なのです。

反対に、冷たくなる、きつくなる、重くなる、力が入る、居心地悪い、暗い、苦しい、成長しない、分離する、一年前よりよくならない、相変わらずできないことがあるなど、前に進まないのは運命を停滞させ、体を消耗させてしまいます。

私たちの体は、その中を流れる内なるエネルギーを映すスクリーンだとしたら……。

私たちの体を感じると、運命は幸運に向かってひらき、健康になるでしょう。

私たちの体は、私たちのエネルギーをよく映しています。

たとえば、大好きな人に会いに行く時や、わくわくできることをしようとする時、楽しくて仕方がない時には、体は天に向かってふわりと浮くように軽やかに気持ちよく感じますね。それは、あなたの心が向かっている向きが、あなたの本質とフィットしているのです。

体が軽やかで気持ちいい、それは、あなたの本来の波動に心が素直になれている時なのです。でも、しぶしぶいやなことをする時、やりたくないことに向かう時、言いにくいことを言いに行かなければならない時などは、体が重くなるでしょう。それは、心が重いのですね。

体を構成する私たちのエネルギーボディーには、たくさんの「感情」がからみ合っています。考え方によって、からみ合う感情が肉体に緊張を生み出すのです。そこに腫れが表れたり炎症が出たり、さまざまな症状の現れが出ます。たとえば、足をねんざして痛くて腫れたとします。その原因はうっかり階段から足を踏み外して、足をねんざしたとしても、痛む患部には、実はあなたの心があるのです。

実は先に、何か気になることや、心配していることや、傷ついたと感じていることがあるのです。人生で立ち止まらなければならないことや、歩けないと感じている気持ちが、先にエネルギーのほうにあったのです。

その時、体についている病名が何であれ、「患部」と呼ばれるところに集まっているのは、あなたの心なのです。

腫れの中に入っているのは……。

熱を持っているのは……。

痛んでいるのは……。

あなたの心……。

あなたの混乱。あなたの痛み。

あなたの解消しきれない迷い。ある時以来、止まったままの悲しみです。それに気がついてあげて、痛いところ、不調なところを嫌わないで、わかってあげてほしいのです。

痛んでいるのは、そこに痛んでいるあなたの心があるのです。だから、闘うのではなく、いたわり愛してあげる優しさがほしいですね。無意識に受け止めてもらいたいあなたの心がそこにはあるのです。病の原因には必ず、あなたの苦しみ、さみしさ、悲しみ、など凍えた心が隠れています。

ですから、不調を現している体の場所には、必ず、つらいまま消化されていないあなたの心がそこにあるのです。だから、患部をふれてみて冷たかったら、やさしくさすったり、あたためてあげて、あるいは熱を持っていたら冷やしてあげて、体を心地よくしてあげます。そして、優しく自分を理解していたわり、あたたかく受け止めてゆきます。

患部を「何でこうなったの？　何で今なの？」と責めないで嫌わないであげて、無条件にあたたかい愛のエネルギーを自分に注いでいきます。

それだけで、涙があふれ出す人もいらっしゃいます。涙があふれても、何も恥ずかしいことなんてないのです。

そうやって、痛んでいる箇所に滞留していたあなたの混乱のエネルギーが、涙とともに、あるいは気づきとともにリリースされて、解き放たれると……。

何だかほっとする、安らぎが湧いてくる瞬間に気づきます。病やけがを通して、自分をいたわり、大切に扱うことを思い出していくと、芯からいのちへの畏敬の念や、深い安らぎが湧いてきます。

この湧いてくるあたたかいエネルギーが体を修復し、運命を癒していくのです。

湧いてくる安らぎは、いのちの優しいお薬なのです。

31 あなたを受け止めてくれた産土《うぶすな》という優しい場所

産土神《うぶすなかみ》という優しい神様の世界があります。あなたといういのちの光が肉体という器を持ってこの世界におりてきて誕生した時、あなたを優しく受け入れてくれた土地がありますね。その土地に宿る大自然の力であり、あたたかい神様の愛のことです。

あなたが誕生したのは、東京なのか、九州なのか、北海道なのか、その地に生まれることができたのは、あなたのいのちを引き受けて、「ここにおいで」とあたたかく包んでくれた土地があるからなのです。

この世に偶然というものはなくて、あなたが生まれたその場所も、住んでいる環境もすべていのちには、意味がある場所なのです。私たちが生まれ落ちた環境ですら、偶然ではありません。

ある時の誕生日、私は不思議なビジョンを見ました。

ふと、気づくと、キラキラと輝く懐かしい星の河に「私」はいました。あれは天の河だったのでしょうか。聖母の優しいミルクの河、いのちを養うあたたかい母乳の道、ミルキーウェイ……。私は、そのキラキラしたきらめきの河をつたって、今まさに地上に降りようとしていました。その時、光の指標が見え、目印のように見えるポイントがあり、そこを目指してすべり降りてゆけばいいと、「私」は知っているのです。

その時、青く輝く地球の中のこれから「私」が行く先のポイントの場所があり、その場所こそが縁があり、私を受け入れてくれる産土の場所で、私はあの場所に生まれていくんだと知っていました。あの場所に私が成長できるものがあり、あそこに私のなすべきことが待っていてくれると知っていました。あそこが私の愛のエネルギーを開く場所なんだと。

するとそこに、星のようにきらめく数十個ほどの光を見ました。その光たちは、私に腕をひらいているかのように感じ、そして、私にこう語りかけているように感じたのです。

「待っているよ。あなたが降りてくるのを。私たちは先に降りて、私たちの人生というクッションで、あなたを受け入れる準備をしているの」

私にそう語りかけてきた星の一つ一つは、父であり、母であり、姉の、大いなる自己の優しい光でした。祖母であり、祖父であり、叔母たちであり、叔父、生まれた後、私の身近にいることになる人々、深いご縁を紡ぐことになる内なる神性の優しい光たちでした。

私が生まれた後に、家族として、あるいは家族同様に私に影響を与えてくれる、深い縁を持つ魂たち、私が生きる環境に存在することになる先に生まれた人々の「大いなる自己の光」でした。

私は、その優しさに感動し、しかし、ふと気づきました。「あら？　ということは？」と、ふいにうしろを振り向きました。

すると、そこには順番待ちのスピリットたちがいました。懐かしく親しいスピリットたちがそこにいました。そう、生まれた後、親しく私の身近にいることになる魂たちで、同じく家族か、家族同様になるはずの、私の後から生まれる予定のスピリットたちです。

私はその魂たちを見て、いとおしさでいっぱいになりながら、魂たちにいうのです。

「私の番が近づいたみたいです。それでは先にいきますね。あなたたちに必要な環境を私の人生の上で展開しますから、安心して続いてきてね」

そうして、私は、光の河をすべって生まれていくのです。生まれてくるのは、魂が美しいものを学ぶため、進化成長するため、そして天から託された素晴らしい役割をこの世で果たすため。魂が磨けて、影響を与え合う約束した存在や環境を用意して、魂はそこを目指して生まれてくるのです。

生まれて後、あなたのそばにいてくれる家族や身近な方々は、好き嫌い、合う合わないは別として、みんな、約束してきた成長し合える魂さんたちなのですね。あなたが持っている魂の力がそばにいることになる魂さんに影響を与え、そしてまた、相手の持っている魂の力があなたの成長に影響を与えます。

たとえば、とても神経質なお母さんと大ざっぱなお父さんがいたとして、現実では、お父さんがお部屋を散らかし放題で、ものごとをやりっぱなしにしてばかりの人だとします。そんな魂さんのそばには、小さなほこりすら許せず、神経質に気にするお母さんの魂が家族として身近にいたりします。お互いにストレスがたまります。お母さんは、何回注意してもお願いしても、お父さんがきちんとしてくれない、何度も言ってるのにどうしてなのと。

逆にお父さんは、休日でゆっくりしたいのに、口うるさく言われてしまうから、「まいったなあ」というストレスがたまります。

こんな時、お母さんは、「相手を許す」という課題や、「おおらかに受け止める」という課題や、「人を自分に合わせないで自由にさせてあげる」などの学びがあります。反対にお父さんは、「まわりの人の気持ちに気づく」という学びや、「協力するという学び」や「できることを増やす」などの学びがあります。お互いに関わり合うことで、魂は成長し、段が上がってゆくのです。そして、気づき、段が上がればその人の運命にこめられた自然なチャンスや幸運が自然にどんどん花ひらいてゆくようになります。

この家族スピリットの中には、あなたが成長する目的のため、魂を鍛えるために、あえて憎まれ役を引き受け、あなたの憎しみを全身で受け止めては、あなたに「許す」という経験を提供してくれるスピリットもあります。それは、自分が住む身近な人々の中の「大嫌いな人」「苦手な人」として存在するのでしょう。

でも、それでも、その人はあなたの「魂」にとっては大事な人なのです。魂は進化するという、大切な仕事をしに生まれてくるのです。
「許すこと」「裏切られても裏切らないこと」「無償で愛すること」など、あなたの魂が、まだ試みていない領域を伸ばすため、その苦手な側面をクリアするきっかけを提供してくれるのが家族です。

あなたが生まれた時、あなたが舞い降りたのは、お父さんの人生の真っ只中でした。お母さんの人生の真っ只中でした。お二人の人生の真ん中に、あなたは降りていきました。そして、それに重なるようにおじいちゃん、おばあちゃんの人生が広がっています。その環境の中には、あなたが生まれてから魂が目覚めるために必要な学びの教材、才能、環境が、あなたのそのいのちを包むよう、誰かとの関わりによって用意されています。自分の魂が選んだ「才能」や「資質」「気づき」をもたらしてくれる環境や、自己成長のために魂が克服するために選んだ「課題」が家庭には備わっています。

どちらも、あなたを助けてくれるためです。受け継がれて行く、優しいものがあります。それは血の中に輝いているあたたかな愛の光です。あなたはその環境におりられたのです。

こんな限りない愛が、地球の歴史上、一度も途切れることがなかったからこそ、今の自分の人生があります。

第五章
愛を奏でる

優しくて　やわらかい程
あなたは　幸せになってゆきます

姫乃宮亜美

32

あたたかい言葉は幸運を広げる
〜ありがとう、おかげさま、素晴らしいね

言葉は素晴らしいエネルギーを持っています。声をかける、声に出す、言葉にする。人はこうやって、自分たちの内側にあふれるスピリチュアリティーを体の外に放射しながら、愛を現し、愛を創造していきます。

私たちが思っている以上に、気持ちを言葉にすることは、生きる上でとても大切な愛の学びですね。

私が聖母意識に出会って、大切にしてきたことの一つは、愛の気持ちや優しい気持ちを感じた時に「声」に出して、エネルギーを表現させていただくということでした。

そうやって自分の中に流れてくるエネルギーを声に出すことで、内なるエネルギーを表に表現していくのです。

私たちのいのちというのは、内側でいつもあたたかいものにふれていると、何か理由があるわけでもないのに、エネルギーがこみ上げて、ただ存在しているだけで幸せになります。

でも、そのような存在感を温めるために必要なのは、自分の内なるものを声に出して、表に出してゆくことで、自分がつながりたい波動を選ぶのです。

それは、日常の中の何気ない一言を使って、私たちはエネルギーを選んでいます。

「何でこうするのかしら？」「もっとこうだったらよかったのに」「ここがだめよね」

私たちは幸せを望んでいて、愛を望んでいても、人生の素敵なところではなく、意外とだめなところ、気に食わないところばかりに意識が向いていて、望んでいないところばかりが言葉になっていたりしますね。

一言、相手の気に入らないところや好きではないところを、言葉にして文句をいうのではなく、素敵なところ、いいところ、うれしいところをあえて、言葉に出してみませんか？

それは実は、最高に幸運に愛されるコツなのです。

幸せになるのに、難しいことは何もありません。

「ありがとう」「うれしい」「おかげさま」「素敵ね」「とてもきれいね」「素晴らしいね」「よかったね」など……。

あなたが出会った場所や経験の中の素敵なところ、響いたところ、いいところを、思っているだけではなくて、声に出して言葉にするのです。

声に出すことで、エネルギーを出すと、それがあなたの現実を生み出す波動の基礎となるのですね。

たとえば、レストランに入ったら、ただ黙々と食べて帰るだけでなく、そこにあるすべての素敵さを味わって、あえて声に出してみませんか？

「この料理あたたかくておいしいね」「スパイスがきいていい香りね」「このお皿、きれいね」「この飾り、いいね」「優しい音楽だね」

そうすると、そういう言葉の響きから、エネルギーがまた生まれてきますから、あなたはもっともっと褒めたくなるわくわくするところと、ご縁を引き寄せるようになるでしょう。

言葉を通してエネルギーを出すことで、あなたは波動を選んでいることになるからです。

言葉は本当に不思議な力を持っているのですね。

そして、さらに素敵な幸運のコツは、お人を目の前にした時、心の中で感じるその方の素敵さを声に出してあげることですね。

「こういうところ素敵だと感じたよ」「すごく頑張っているね」「最近、輝いているね」

誰かの素敵なところをあなたの心が感知したら、それをそのまま「声」に出して相手にお届けしてあげるのです。

人は、そのような明るい「光言葉」を向けられると、本当にうれしいものです。そうやって、誰かの胸にその人の輝きを反射してあげると、そこに流れる喜びはそのままあなたの運命のステージになるでしょう。


そして、生きる上で、私たちがもう一度、大切にていねいに感じ直してみたいことがあります。

それは、一番身近な方々への言葉です。

私たちは意外と思い違いをしているのが、「家族」だから「夫婦」だから、言わなくてもわかるという誤解です。

近いからこそ、大切だからこそ、伝えなければわからないことがあるのです。

近いからこそ気持ちを伝え、あたたかい感謝やいたわりを言葉にして表して、気持ちを注ぐ必要があるのです。

身近な人同士の愛のエネルギーは、ずっと強いままではありません。長い時間の中で勢いが弱くなったり、もろくなったり修復が必要な時もあります。

人間の世界では、愛は冷めてしまうことがありますから、だから、大切に温め直す優しさが必要なのです。

その始まりは、言わなくてもわかると流さずに、優しく心をこめて、愛や感謝や気持ちを示すといういのちの表現が大切なのです。

時に家族は、あなたのそのあたたかさをとても必要としているかもしれません。

あたたかい言葉は幸運を広げます。そのぬくもり、あなたから始めませんか？

33

宇宙的な思いやり

～そのままでいさせてあげる愛のエネルギー

私たちの心は宇宙からたくさんの才能を宿し、生まれてきます。

人間のいのちが宿してきた素晴らしい才能、それはイマジネーション、想像力です。

イメージすることができるあたたかい心の才能。

思いやりは、想像・イメージしてみることから始まります。そのイメージする才能によって、私たちはお人の立場や心を思いやる優しい力を授かります。その力は、優しい宇宙からのギフトなのですね。その心を大事に使わせていただきましょう。

目を閉じて、相手の心を大切に思ってみましょう。相手の立場を労ってみましょう。自分がそれを言いたいから、とただ伝えるのではなく、それを言われた側の気持ちを、目を閉じて胸にあたたかいエネルギーを通わせて、そっとイメージし、思いやってみませんか。

そのいのちをあたためてくれる、いのちの視点から自分を見つめ直すと、あなたの言動が、自然に宇宙的な優しさによって修正されていき、より自然な愛のエネルギーがあなたの中に通ってきます。

自分の心ばかりでなく、それを受け止めてくれる、相手の立場にも自分がいる、とそっとイメージしてみましょう。

自分の立場と相手の立場。自分だけでなく、相手の領域までも本当は自分の延長なのだということを視野に入れたあたたかい自分。その優しい心があれば、心は草原のように広くなるものです。気持ちのよい自由の風がそよぐでしょう。

あなたを自由にしてくれるもの。それは相手の心もまた、あなたであるという「ワンネス」。視野の広さです。その視野は、想像してみようとする優しいイメージ力から育ち始めます。自由になりましょう。心はいつも、広い草原でいましょう。

いい時も悪い時も、幸せは変わらずそこにあります。

私たちの心の深いところには、いつも深い静寂があります。

私たちの心が動揺し、大揺れに揺れている時でも、私たちの意識の深いところには、静寂があるのです。

静かで、揺れずに、いつでも叡知とあたたかいエネルギーがあふれている場所があるのです。

私たちの深い、深い場所には、私たち自身を満たし、幸せにしてくれる満ち足りた神の優しさがあるのです。

それは、深く優しい河のように、私たちをいのちの芯から、幸せにしてくれます。

この、内なる幸せとは、私たちの心のあたたかさを呼び水にして広がる巨大な宇宙の慈愛であり、あふれても、あふれてもなお、さらに満ち満ちてきて、すべてのいのちを満たすものなのです。

生命を養う、巨大な宇宙の慈愛。

宇宙の泉からは、宇宙中のすべての生命を満たし、うるおし、あふれるほど、幸せにしても、なお、ありあまる優しさと幸福があります。

巨大な幸福銀行が、宇宙なのです。

これは誰かが自分の分の幸福を豊かに受け取ってもなお、ありあまる豊かさです。

この巨大で豊かな宇宙の愛は、いつも、あなたの内奥に流れています。

この流れを内に見失っているから、私たちは「満たされない気持ち」を抱き、人に満たしてもらおうとしたり、ものや嗜好品や、何かに没頭して、つかの間の満たされた感覚を得ようとします。

満たされている、懐かしいいのちの記憶を、深いところで覚えているからです。

あなたを満たすものは、外にはありません。

たとえば、恋愛は強力にあなたを満たして幸せにしてくれるでしょう。

でも、数ヵ月して慣れあったり、相手が心変わりしたりすれば、途端に幸福感は消えます。

優しかった相手も、態度が以前ほど優しくなくなり、楽しかったことも慣れてきてマンネリ化していきます。

そうすると、幸せはかげり出し、あなたは幸せではなくなります。

だから、相手の言葉にカチンときたり、相手の態度に満たされずに、「何でこうしてくれないの?」「もっとこうしてよ」と、相手への要求が始まります。

この満たされない欠乏感に、私たちは長い間苦しんできました。

でも、内側に流れる巨大な幸福エネルギーは、実はどこにもいっていないのです。

相手が満たしてくれる幸せな時も、また、相手があなたの気持ちを汲みとってくれない時にも、幸せな流れは変わらずに、あなたの中をあたたかく流れています。

相手がどうであれ、あなたは変わらずに、うるおうようにあたたかく、芯から幸せでい続けることができます。

条件がいい時に幸せで、条件が悪くなると幸せではなくなる、というのは、見失っているからです。

本当はまわりの環境に左右されずに、あなたの幸せな流れはあなたの中にあり続けています。

あなたの幸せは、誰かの態度で変化はしません。

あなたはいつでも、誰の許可もいらず、誰かを変えることなしに、幸せでい続けることができるのです。

楽しいままでいることができるのです。

だから、気に入らない相手の態度を変えなくていいんだ、とあたたかく気づいてみましょう。

そのままで、いさせてあげても、あなたの幸せは消えていません。

相手があなたの期待に沿わなくても、あなたの幸せは相変わらずそこにあります。

だから、相手は相手のままで、優しく自由に、そのままでいさせてあげましょう。

それでも、あなたは幸せでいることができるし、幸せは減りません。

あなたの内側に流れる巨大なあたたかさと、幸福感につながりましょう。

あなたは、誰かを変えなくても、あなたの内なる力のみで、みずみずしいお花のように満ち足りて幸せでいることができるのです。


あなたの中の幸せにつながりましょう。

そして、あなたが、相手を変えようとする気持ちを手放すと、しばしば不思議なことが起こり始めます。

相手も同時に変わるんです。

相手を変えようとせず、相手から満たしてもらおうとしていると、不思議に相手は殻にこもり、「変えられない」ように無意識に防御してしまうのです。

あなたの芯からの幸せは、本当は条件に左右されないのです。

お金がないから幸せになれない。彼がいないから幸せになれない。仕事が見つからないから幸せになれない、など、あなたの幸せは本来、条件に左右されません。

お金がなくても、深いところには変わらない豊かな幸せが流れています。

彼がいなくても幸せは流れています。

あっても、なくても幸せ。

一緒に行けても、行けなくても、幸せ。

そのゆるぎない巨大な幸せが、あなたの中に発見できるし、急速に現実も癒され始めるのです。

これは深い真理ですね。

34 誰かのためにできる優しい仕事

何もできないと思えても、あなたには優しい心があります。この世界を幸せにする光の仕事があります。私たちの心には、あたたかい愛があります。

けれど、だからこそ愛が深まるほどに、心配も深くなり、大好きな人がたくさんいるほど、悩みが増え、あなたの苦しみも増えてゆくことがあります。

心配だと、そちらに気をとられてあなたの人生が、動けなくなる……。「もっとこうしなくちゃだめ」「もっとこうあるべきなのに、なんでそうしないの！」と、誰かを心配するがゆえに、怒りがむくむく湧いてきて、つい腹を立ててしまうことがあります。そうやって誰かのだめなところばかりを、あなたの心の目に映すのでなく、もうそこを通りすぎたその人の希望の姿をイメージすることも、私たちにはできるのです。

このようなイメージは、素晴らしいギフトとなります。

だから、怒るよりも、悩むよりも、お説教するよりも、その人がさらによくなった素敵なイメージを、その人のためにあなたが心に広げてあげましょう。

あなたの心に、だめなその人や、できないその人の姿をイメージで固定するのではなく、愛する人ができないで苦しんでいることを、すでにできているところを、夢がかなっているところを、あなたの心の映像に映していてあげるのです。

心は、つながっています。そのイメージは、素晴らしい力を持ちます。

その人ができないと泣いていることでも、それを終えてその人の夢がかなった姿を繰り返し心にイメージしていきます。

イメージには、私たちの運命を導く力があるのですね。

そんなあたたかいイメージを大好きな人々のために、あなたの心に映してゆきます。

そうすると、そのイメージから、新しい波動が生まれて、本当に大好きな人の世界に、優しい変化を生じさせます。あたたかい波を引き出すことができるのです。

あなたが、誰かのために美しいイメージをキープしたままで揺らがないでいてあげると、愛する人がそこに向かうのを助けてゆくことができます。

低くなったイメージを引き上げる助けになることができるのです。


私たちには、誰かのために、今すぐできることがあります。

それは、あたたかい希望をイメージすることです。誰かのために、愛する人のために、あなたの内なる力を使ってみませんか？　優しいことのために、あなたの心を使ってみませんか？

誰かのことを見守り、目の前のできないところを見てともに苦しみ、気を乱すより、何もかも幸せで、うまくいっているその人の姿をあなたが心にイメージして、そばにいてあげましょう。

すでに、その人が何かを達成して、幸せそうに笑っている姿を、あなたの心のスクリーンに映してあげましょう。

その人ができないと泣いていても、やっぱりだめだったと泣いていても、あなただけは、その人が登りきった姿をイメージし、あなたの心の力を、相手のためにそっと優しく使っていきます。それは、本当の優しい現実の始まりです。

あたたかく心を使う。相手の幸せをイメージする。

それは、この星に光を増やす優しいいのちの仕事なのです。

イメージ、それは幸せを生み出す光のお道具なのですね。

35 好き嫌いで自分の態度を変えない

私たちに宿されている「魂」という美しい宝石が、あたたかくて優しい愛の光だと悟ったなら……。お人をみて、好き嫌いだけで、自分の態度を変えてはなりません。

この人は好きだから、優しくし、この人は嫌いだから適当に扱う……。「好きな人には愛をたくさん注ぐけど、嫌いな人は避けて愛を注ぐことはない……」こんなお姿はそっと卒業しましょう。

「有名な人だから、地位のある、力がある人だから」「自分にメリットを与え、利益をもたらしてくれる人だから」とていねいに扱い、普通の人、力のない人には見向きもしない。魂が目を覚ましたら、こんな態度も優しく卒業です。

残念ながら、気まぐれな愛のエネルギーは、宇宙にまで響いてゆかないからです。

いつも、安定した変わらない愛の波動であればこそ、宇宙からあなたの姿が見えてきます。だから、お人によって、自分の態度を変えないで、誰とでもあたたかく、幸せなあなたの存在感のままでいてくださいね。

あたたかい瞳と、あたたかい心をいつも消さないでいてくださいね。

誰かがエゴがいっぱいに見えて、暴れん坊に見えてしまう時でも、ぶれず、乱れず、安定したまま、あなたはただ、あたたかくにこにこして、どうぞ天のあたたかさでこの方が包まれますように、と祈りましょう。

ただ、にこにことあたたかい存在感で、優しいオーラで照らしてあげましょう。

私たちの「我」（エゴ）は、表に出なければ落とすことができません。相手の我は、自分の我でもあるのです。だから、優しくやわらかく包んでゆきたいものですね。

私たちの我は、現れたら消えてゆくのが運命なのです。

だから、いやな人、いやな態度が心に見える時は、ああ、このエネルギーを私たちの中から消していただいているのですね、と、存在するだけで、まわりを照らすあたたかい太陽のようににこにこしていましょう。

キャラメルが、舌の上でおいしくとけてゆくように、私たちのカルマもまた、あたたかい愛に包まれていくうちに、気持ちよく幸せにとけてゆけますように……。

誰の前でも、どこにいる時も、

たとえば、それが一度しか会わないお人であったとしても……。

どうぞ、いつの時も変わらない、あたたかいあなたのままで、いてくださいね。

誰に対しても、まるく、優しく、あたたかく、そんな姿があふれていたら、それは光の愛の始まりです。「自分」という字は、自らを分かち合うと書きます。

けっしてお人を選り好みせず、お人によって自分の態度を変えたりもせず、優しい自分軸が見えてくると、あなた自身が見えてくるでしょう。

どのようなコンディションにおいても安定しているあなたは、素敵ですね。

あなたの安定した優しい愛のエネルギーを、世界は待っているのです。

36 苦しみが終わる時

誰でも人生では転んでしまう時があります。間違えることがあります。

だから、転ばないことがすごいことのように思えてしまうかもしれません。しかし、大切なのは、一度も転ばないことではなく、転んだ後の立ち上がりの時……。

そこにこそ、その人の霊性が現れます。

人間は学んでいる存在ですから、転ぶことはどなたにでもあるでしょう。

間違えることはあるし、「あの時の私、どうかしていた……」ということもあるでしょう。

「間違えた、恥ずかしい」という打ち消したい体験。

そこに現れたのは、自分の中に抑圧された潜在意識の中の「ひそんだ心」が関係しています。

抑圧されたものが解放を始めて、閉じていた蓋があくと、それはもう強烈な感情があふれて止まらなくなったり、強い嫌悪感が出たり、その人の、それはそれは強い「我」が出てきます。

それで、そばにいて関わる方やご家族や親しい方などに、つい、あたってしまうこともありますね。そういう時、まわりはとてもいやな思いをします。でも、それでも、ご家族や、あなたを好きでいてくれるお友だちは、そんなあなたを、きっと許してくださるでしょう。

あなたが、とても大切な人だからです。

強い怒りや嫌悪感があふれた時は、いやな自分を抑えきれない時がありますが、そのリリースが終わると、カラリと気持ちが直って、清々しく、すっきりしてきます。

もう一回、頑張ろうと感じ、気持ちよくなれます。

しかし、この時の感情的なカルマを終焉に導くか、はたまた、まだ残して、再び自分に戻して繰り返してしまうかは、実はこの立ち直りの時期に、あなたが差し出すものにかかっています。

「わぁ〜、いやな気分になった」、こういう感情カルマは強烈ですから、抑えられずまわりにあたってしまいますね。「でも何とか気分が晴れてきた、よかった」と、気分が浮上した時に……。

「ああ、よかった！　今回つらかった。きつかったわ！」と、まだ自分のことしか見えていない心が出ている時は、実はその方は、気づいたものの、まだエネルギーはカルマの領域にいらっしゃいます。

だから、またその苦しみは、繰り返す恐れがあります。

カルマの終焉は、あたたかい愛のエネルギーにたどり着くことなのです。

苦しみを終えて、より「愛が見えること」「感謝があること」

そのあふれるエネルギーが、あなたなのですね。

つまり、浮上してきている、あなたの気持ちがらくになった時。

あなたのそばにいる人々に、あなたがかけてしまった負担が見えているかどうか。

それが見えて、ご家族や負担をかけた方に、「いやな思いをさせたわね、本当にごめんなさい。支えてくれて、本当にありがとう」と相手があなたに、出してくれていたエネルギーに振り向き、素直に向き合えるかどうか。

向き合うと、エネルギーがあたたかく通い合い、愛が通い、そのあたたかいエネルギーが一つの苦しみの終焉の力なのです。

このきれいなエネルギーが、あなたの中に開通してこそ、そのカルマは終わりを迎え、終了するのです。

第六章

ワンネス

～薔薇色の地球へ

すべての人に優しい時代が訪れます

姫乃宮亜美

37

あたたかい笑い声があふれる星
～声をたてて笑うのはお祓いと同じ力を持つ

私たちには自分を愛することができない時もありますし、不安でいっぱいの時もあります。でも、どんな時でも、どなたでも、そんな自分をいたわり、自分自身のいのちを大切に扱ってあげられる時間、そして忘れていたあたたかい光とのつながりを思い出すそんな優しいひとときを体感していただけたら、と、私は言葉にのせて愛のエネルギーをお伝えするトークイベントをライフワークとしています。

そのトーク会の開催のお手伝いをいつもしてくれている方々と、ある時、たまたま広い敷地内で作業をしていたことがありました。この家族のような優しい仲間たちがその時、それぞれのチームに分かれ、分担して作業をしていました。広い庭園のような場所を挟んで、敷地内のあちらこちらのお部屋や場所で作業していたようでした。

私は別な仕事があって、一人あとから追いかけるようにその敷地内に入りました。入り口から入ると、両サイドに庭園があって、みんなの顔や姿はまだ見えないのですが、遠くから風にのって、仲間のみんなのあたたかい笑い声がこだましていました。

冗談を言い合って作業をしているのでしょうか。仲よく、幸せそうな笑い声でした。

大変な作業をしていたはずなのに、みんな、自然に幸せそうな笑い声をたてている。その日はお天気がよく、やわらかい風が吹いていて、広い敷地内のあちこちからこぼれるみんなの笑い声に、私は癒されていました。

何て、優しい光景かしら。

これが、地球の縮図になりますように……。美しい庭園に一瞬立ち止まり、私は天の愛にあたたかく心を向け、祈りを捧げます。

「こんな地球であってほしい」

宇宙から地球をみたら、こんなふうに地球のあちこちから、幸せな笑い声がこぼれているように。あそこの家からも、あっちの会社からも、あの国からも、この国からも、みんなが「生きる」という大切な仕事をしながら、あたたかい笑い声が繰り返し湧きあがる幸せな惑星に。

そのために、私にできることを大切にやっていこう。

あちこちから、みんなの幸せそうな笑い声が灯り続けるということ、それは、この世界をあたためて幸せにすることです。

あなたのおうちのリビングで、家族が楽しそうな笑い声をあげていること。毎朝オフィスでコーヒーを飲みながら、「今日も頑張りましょう」と、チームでの何気ない会話にみんなであたたかく笑う。親友同士が冗談を言い合い、お腹をかかえて、笑い転げる。

そんな光景は、地球が幸せになることなんですね。

私たちが笑うことは地球を幸せにする優しい仕事。だから、声をたてて笑ってみませんか？　時には涙が出るくらい、みんなで笑い転げてみませんか？

素直に響き合える楽しいひとときを大切にしていると、笑顔が笑顔を引き寄せるのでしょうか？　それとも、笑顔が光となって伝播してゆくのでしょうか？

私のまわりにはよく笑う人がとても多いです。家族も親戚も友人も……。これはとても幸せなことだと思っています。でも、そうしてみんなで笑っていると、いつも気づくことがあるのです。

声をたてて笑っていると、そこが自然の中なら、妖精たちがキラキラ舞って集まってきます。

聖なる存在は、私たちがたてる幸せな笑い声が大好きなのです。

なぜなら、その純粋な笑い声の響きの中には、宇宙の愛のエネルギーが生まれてくるからです。楽しくて、みんなで笑い合った後って、すっきりしませんか？

もちろん誰かをバカにして、けなして笑う笑いではなくて、純粋に楽しいと笑える笑い、楽しくて、楽しくて、みんなでそうやって笑い転げた後ってすっきりしますね。ちょっとくらい気分が塞いでいたものは、笑っているうちに消えてしまいます。

それは笑うことの効用で、笑顔は光だからです。そして、声をたてて笑うことは、お祓いと同じ力があり、オーラがきれいになるのです。中心から湧くあたたかい笑いは、愛のエネルギーの発露。垣根を溶かし、人と人を優しく結ぶ平和の種なのです。


それを体感させていただいたエピソードがあります。

ある時、出席していた楽しい夏祭りのイベントがたいへん盛り上がり、ステージ進行の方の楽しい司会に、そこにいたみなさんに、どっと笑いが生まれたのです。

私も一緒になって笑っていたら、たまたま隣にいた見知らぬ方と目が合いました。だから、にこっと目で笑いかけたら、その方もにこっと微笑み返してくださいました。

そうなると、いのちといのちはそれだけで、あたたかく通じ合います。その後は、楽しくて笑いが生まれるたびに、お互いお顔を見合わせて一緒に大爆笑。お名前も存じ上げないその方とお互い肩をなで合いながら、大笑いして楽しませていただきました。


その時、笑いすぎて出た涙をふきながら、その方が話しかけてきてくださいました。

「楽しいですね。本当に楽しいですね」と。

私も、彼女と同じように笑いすぎて出た涙をふきながら、感動していました。

今、私とこの方と、会場にいた人々みんなに流れた、この明るいさざ波のような楽しいエネルギー。あたたかく笑い合えるという、この優しい時間。

これこそが、世界平和を生む「光の種」ではないかと。

中心から湧いてくるあたたかい笑いは、人を純粋にし、垣根を取り払い、私たちを近づけてくれるのです。ともに笑い合うと、知らない人という垣根をこえて、人はほほえみ合い、その人が大好きになれる。このように、人と人とを近づけてくれる力を「愛のエネルギー」といいます。

しかも、互いの中心に向かって、互いを近づけて、魂を優しく素直にしてしまう。

これは、あたたかい笑いの効用です。

笑いの多い場所は、宇宙エネルギーが流れるから、活気が出て、繁盛もします。

笑いはプラスエネルギーなので、人を中心に向けるスパイラルを生み出しますから、活気と繁盛、そして幸運を呼ぶのです。

38 私たちの世界のために訪れる、光の世界からの援助

世界を愛すること。私たちの世界に優しさと幸せをもたらし、「どうしたら目の前の方が笑顔になってくれるだろう?」そんな優しい努力をしていると、そこには、愛のエネルギーを運ぶために、天使が遣わされてきます。

たとえばあなたが、さみしそうな顔をしている人に気づいて、さり気なく声をかけたり、笑わせてあげたとします。それは、惑星単位でみたら、この星を明るく照らすことです。さみしい場所に、あたたかい光を増やすことです。

どうしたら、目の前の人がもっと幸せになってくれるかな、と、自分を役立てたいと願って活動している時、私はあることに気づいたことがありました。

笑うことを忘れ、笑顔のなくなっている場所に、どうしたらお腹の底から湧き上がるような幸せな気持ちのすっきりした笑顔を、わかせてあげられるだろうか、苦しんでいる方とともに悩んだり、心に寄り添ってあたたかさをもたらそうと、一生懸命心を尽くして努

力していると、そこにはいつも、夜が明けてゆくような光が生まれ、美しい光の存在たちがやってくるのです。

エンジェル（天使）たちです。

お人を励ましたい、助けたい、できることをさせていただきたい、そんな優しい心を持って、みんなに笑っていてほしいと願う、あたたかい気持ちが一人の中で立ち上がり始めると、どんな方のもとにも、その美しい心を鼓舞し、より愛が広がるように、と聖母の宇宙からは、エンジェルたちが遣わされてくるのです。

人と人がより愛し合い、

より信じ合い、より助け合い、

互いを認め合ってあたたかく笑い合うことは、宇宙の中心へと向かう進化に役立つことなので、エンジェルが遣わされてくるのです。

見えなくても、いらっしゃり、私たちに宇宙の優しさをもたらしてくれます。

この天使たちのオーラは、さざ波のようにまぶしく光彩を放っているわけですが、時々、あたたかく笑っておられるのかしら？　と思えるほど、集められている光がみんなでさざめく時があるのです。

こんな天の優しさにふれる時は、私はいつも自分が小さい子供に戻ったような気持ちになるのです。

なぜなら、その光たちが放つあたたかいさざめき方は、たとえば小さい子供がはじめて親戚の前で、一生懸命歌を歌うのを聞いた時のように、かわいくて思わずこぼれた笑いのような、あたたかいさざめき方で、私たち人類は、天界の存在たちにどれだけ、いとおしまれ、愛されているのかと胸がいっぱいになるのです。

あの天のぬくもりを、そのまま……。あの優しさがそのまま……。

私たちの暮らしに広がることはできないかしら。

私はいつも、天国の優しい笑い方をみて、そんなことを思ってしまいます。

もし、それができるとしたら、それは特別なヒーリングよりも、それはきっと、私たちの当たり前の日常で、あたたかく重なる優しい心の積み重ねから生まれるのでしょう。

たとえば、私たちが子供から大人になるまでの間、あるいは新しい家族ができた時、人と人が出会った時。その繰り返される毎日という当たり前の暮らしの中で生まれる接点。

微笑むと、微笑み返してくれる笑顔があること。

テレビを見ていて、思わずふき出してしまう時、ともに笑っている家族の声があること。ともに笑い合える、あたたかい笑顔が出会い続けて、人は家族になってゆきます。

温かい心と笑顔があれば、地球いっぱい、宇宙までも、天国までもふくんで魂の家族が増えてゆきます。

どうか、今日も忘れないでください。

あなたのお茶の間から生まれる、優しい笑いは、この星を幸せな星にしてゆくのです。

39
優しい星に祈りをこめて
～地球人の課題

安らぎと幸せは、誰もが望んでいます。でも、私たちは「悩み」ます。

人に無視されて悩み、人の目にどう見られるかにおびえて悩み、人の評価をいつも気にして悩みます。うしろから来た人に追い越されては、プライドが傷ついて悩みます。

その悩みの裏側にはいつも、私たちのものの見方があり、その視点から苦しみが生まれています。一つの見方以外に、もう一つの優しい見方があることをまだ学んでいなかったから、私たちは苦しみにどう答えを出せばいいのか、わからなかったのですね。

歴史を振り返ってみると、この地球の多くの場所で争い、戦いが数多くみられます。未だに、私たちの星には戦いというものがあり、争うということ、憎しみが存在しています。

力の誇示、力と力をぶつけ合い望みを実現しようとすること。

世界中で、また、さまざまな社会の中で、国と国、組織同士また、その組織の中でも、争い、ぶつかり合いは起こっていますね。それは、私たちの足元でも親子や兄弟同士、オフィスの中の女性同士、子供を育てているお母さん同士など、そんな身近な心の中にも、こすれ合うものがひそかに生まれている場合があります。そして、それに伴う密かな憎しみも。

世界に、争いが起こって、憎しみが生まれるのではありません。逆なのです。憎しみと争いたくなる心が、先に私たち一人一人の心の中にあるからこそ、この星には「戦い」が生まれてきてしまいます。

その現実に一番力を与えているのは、私たちの心の中に密かに横たわる「けんかの念」なのです。この星の上で生活する人々の霊性が、まだやり終えていない大きな宿題が「戦い意識」の昇華です。

みんなこの戦いという分離感から、比較が生まれ、競争意識が生まれ、苦しみが生まれています。だから、今、私たちが学ばなければならないのは、「ワンネス」〝すべては一つ〟という愛の意識であり、人生を優しい目で見つめる視点なのでしょう。

この星で暮らす人々が、自分の心を「戦い」より「優しい思いやり」に使うことを学んだ時に、惑星は宇宙に開かれるように進化し、美しい薔薇色のオーラを放射する優しい星になるでしょう。

この星のあちこちで、戦いを生むのに一番力を与えているものは、私たち一人一人の心の中に住む「けんかの念」だからです。

その中でも深い苦しみを生み出すのは、「夫婦げんか」「家族げんか」だそうです。


けんかには二通りあります。

わかりやすくぶつかり合う表面化するけんかと、表面には現れない、心の中のけんかと。

どちらも、実は破壊力は同じくらいの凄まじさがあります。怒鳴ったり、叩いたりしなくても、念の上で相手を責め、気で押すようにしてしまい、表面は平和的に見えても、心の中で相手を責めたり、対抗意識を秘めているだけでも、争いを選んでしまっています。

この「争い」や「摩擦」の種を、どうやって優しく消してゆくか、溶かしてゆくか、あたたかい心を学ぶのが、地球人みんなの宿題かもしれませんね。


誰もが時には、人に言えない悲しみを抱いていることがあります。あたたかい家族として一致団結し、一つになることができない時もあります。家族の誰かが、荒れていたり、時に思いやりのない姿が出て、優しい家族になれない時もあるでしょう。でも、それでも許し合い、迎え合おうとし、そのために悩んでは、それでもあたたかい希望を持ち続けるそんな人がいてくれることは、幸せが生まれてくる希望の源といえるかもしれませんね。

誰にでも、つらい時期があることを忘れずにいたいですね。

あなたにもきっと、優しくなれない日やあたたかい愛にふさわしい自分になれない日もあることでしょう。

人は「私はできている」「私は正しい」という思いに立っている時は、家族が許せなくなりますが、自分にもうまくできない日があり、そんなつらさの日もあることを忘れなければ、あたたかい理解と思いやりは自然に生まれてきます。

私たちはみんな、完璧ではありません。みんなみんな学んでいて、時には恥ずかしい自分の姿を恥じながら一生懸命登っています。

誰にでも、情けない日があります。だからこそ、優しい場所が必要なのです。帰る家があることは、いのちにとって優しい希望なのです。

家庭をあたたかくする道は、地球をあたたかい星にぬりかえる道と同じです。

「家」の中の波動は、世界に通じ、星に響き、星を導いてゆくからです。

世界の平和は、それぞれの国で生きているたくさんの家庭で幸せな笑い声がたえないこと。あたたかい思いやりがあふれて、優しい気持ちが生まれ続けているということ。一人一人が帰るあたたかい場所があり、そこが仲睦まじいオアシスであること。

社会の最小単位である、夫婦・家庭があたたかく、仲よしならば、そのぬくもりが伝わり、自然に世の中がよくなってゆくのです。

摩擦から、包み込む優しさへ。

宇宙の中で、進化してゆく魂たちは、みんなみんな、この幸せのパスポートに気づいているのですね。

「生きる」とは響き合うこと。私たちのあたたかい気づきと生き方は、誰かの胸を優しい力でうるおすかもしれません。平和は私たちの考え方、心の内側から生まれてきます。

足元にある平和の光、人はみな、私たちが生きているこの世界をよりよくする力を持っています。私たちの魂には、素晴らしい力が宿っているのです。

いつでも、答えは愛とやすらぎ。

平和と幸せはあなたの足元から始まるのです。

40 すべての人に優しい時代がやってくる
～「グレース」と呼ばれるいのちの泉

世界の平和も、よりよい世の中も、この世のあらゆることは、「人の心の中」から生まれます。「心のあたたかさ」の原点は、一人一人の霊性が大いなる自己、つまり心の中のあたたかい光につながっていることから始まります。

世界のすみずみまで、優しさが行き渡りますことを夢見て、聖母意識が教えてくれた「優しさが広がってゆく生き方」「あたたかい愛が広がる生き方」を心をこめてお伝えしています。

女神が教えてくれる、「ものの見方」や「あたたかい生き方」は、何気ないことばかりですが、不思議な力を持っています。愛が生まれてくる場所がわかり、そのあたたかさから動き出すと、衝突や問題や苦しみが同時に消えてゆく生き方なのです。

このあたたかい母なる愛の意識は、以前から繰り返しこういってくれたのです。

「**すべての人に優しい時代がやってきます**」と。

それは、今、多くの人の内側で声になることなく、生まれ始めているあたたかい感覚の目覚めなのかもしれません。

私たちは長い間、「自分」について誤解してきました。自分は無力であり、人生に起こることを変えることはできないと思ってきました。長い、長い時間、それを信じて生きてきました。でも、それは自分の本当の姿を、見失っていただけだったのですね。

私たちの心の中のあたたかいところには、「グレース」と呼ばれるいのちの泉が湧いているのです。

グレースとは、天の恩恵です。それは、いのちを咲かせる力なのです。いのちを生かし、幸せにしてくれる神様の優しい愛のエネルギーと思ってください。

たとえば、固かったお花のつぼみが、日ごとにやわらかくふくらみ、美しく色づき、やがてふわりと花開くのは、そこに生命力というグレースが流れ通っているからです。

そのいのちを幸せにしてくれる宇宙の恩恵は、意識する、しないに関わらず、本当はすべての人の中をあたたかく流れているのです。

花の中にも、土の中にも、かわいい猫の中にも、葉の上のてんとう虫の中にも、そして私たちの中にも、グレースは尽きることなく、途切れることなく豊かに流れ続けているのです。

この通ってくるあたたかい恩恵に心を開けば、すべてが自然に満ちて私たちは幸せになっていくのです。

私たちの内側の「あたたかい陽だまりの場所」は、このグレースの流入口です。私たちが幸せになるのに必要な力は、あなたのそのあたたかい内なる場所を通して、あなたの中を流れ、あなたの日常へと具現化されていくのです。

私たちが望み、願う、幸せを生み出す力は、私たちの内側のあたたかいところからやってくるのです。

しかし、この内なる接点を見失っていた長い地球の時間の中では、自分の中にどれだけ素晴らしい創造力があるのかを見失っていたのですね。

この、見失った長い時間、私たちは「内側」ではなく、「外側」に力を求め、自分以外の何かに力を預けてきたのです。

その見失った時間の時代は、成功の椅子は一つしかなく、誰かが成功すれば、誰かが椅子からあぶれてしまいます。

自分が勝つと、誰かが負けます。相手が勝つと、あなたが負けます。成功や幸せは、人数分はないように見えるので、幸運な一握りの人だけがその幸せを享受できます。

内側ではなく、外側を見ている物質の時代は、このような学びの時代だったのです。長かったですね。

これは、物質と肉体が軸となった生き方ですので、肉体に限りがあるように、成功や幸せにも限りがあるようにみえてしまいます。

でも、これは幻想なんですよ。

今、この物質を軸にしたものの時代が終わり、あたたかくて優しい女神の時代・霊性（優しさ）の時代がやってきます。

古い物質の時代のものの見方ですと、私たちには、幸せには限りがあるという意識がベースとなっておりますので、誰かが幸せになると、何だか自分の分が減ってしまうような気がしてしまうので、あせりが生じ、嫉妬が生まれてくるのですね。

でもこの気持ちは、自分の中のあたたかい宇宙の力を見失っている時にしか出ない心なのです。

あなたには、力があります。あなたがこの上もなく幸せになれる力は、あなたの中にも流れています。

あなたがやりたいこと、望むこと。あなたに必要なもの、すべてを生み出す優しい力が一人一人には、もともと備わっています。現実はあなたの宇宙とつながったあたたかいところから生み出すことができるのです。

あなたの中にすべてがあります。

私たちが他を気にして、他に認められるように生きるのではなく、内側のあたたかくエネルギーが満ちてくるところから、生き直してゆきますと、私たちは素敵な幸せに気がつくでしょう。

この宇宙は豊かだということ。

ここに住む人が、この上もなく幸せでいっぱいになっても、なおあふれてくる幸せの源泉が宇宙なのです。すべての幸せが生まれてくる源が宇宙、すべての豊かさが生まれてくる源が宇宙、すべての愛が生まれてくる源泉が宇宙です。

宇宙はすべての幸せのお母さんで、そのあらゆる美しいことを生み出していく宇宙の母胎を、「聖母意識」というのです。

この宇宙には、私たち全員がこの上もなく幸せになっても、なお、あふれ満ちてくる愛と幸福があります。だから、あなたのそばにいる人がどんどん幸せになっていっても、あなたの分は減ることがありません。だからこそ、安らぎが生じ、あなたもまた幸せになることを自分に許し始めるのです。

いのちはつながり合い、響き合っています。

だから、私たちが自分の内側に向かい、心のあたたかいところを奥に奥にと深く入ると、すべての人と通じるワンネスを見出します。

やがて、人類は一人一人のそのあたたかい内なる場所で、一つに集う時がやってきます。

このあたたかな意識から、幸せな私たちの暮らしが生まれてくるのですね。

すべての人に優しい時代がやってきます。

あなたの幸せそうな笑顔に胸をあたためながら、このメッセージをあなたの優しいいのちの光に送ります。

すべてのいのちがお幸せでありますように。
愛と幸運をこめて。

特別編

香りのセラピー

香りはいのちを勇気づけ
優しい力を運びます

姫乃宮亜美

心の波動を変える聖母のセラピー

私たちが生きているこの新しい時代は、胸にあるハートのエネルギーがゲートです。

ハートが開いていると、私たちの毎日は優しく幸福になってゆきます。

ぜひ、毎日、ハートが癒されてゆく生き方をしましょう。

私たちの心があたたかいと、自動的に現実は幸福になり、展開してゆきます。

けれど、それはわかっているのだけれど、つらくて思ったように現実が進まないように感じている方もおられると思います。

そんな状況に心が陥った時のために、素敵な聖母のセラピーをお届けいたします。


それは、「香り」を通して、日常のエネルギーを変える幸せなセラピーです。

私たちの内側に、居心地のよい幸せな波動を響かせると、あなたの現実が優しく、やわらかく、幸福が創造されて、すべてが変わってくるのがわかるでしょう。

もはや苦しむことなく、幸福に、ときめきながら、優しい波動を感じているだけで、現実を変えられる、そんな時代が始まっています。

香りは、そのような意味で目に見えない分、私たちのスピリチュアリティーに働きかける素敵な力を持っています。

心の奥のやわらかい場所に働きかけて、波動を変えてくれるのです。

今、あなたのハートは閉じていますか？　それとも幸せに向かって開いていますか？

まずは、あなたのハートのコンディションをチェックしましょう。


たとえば、このような状態が現れていたら、あなたのハートは閉じています。

〈ハートが閉じている、あるいはハートがつまっている時のわかりやすい症状〉

・人生を楽しめない
・愛の問題が出る（愛されない、優しさが報われない、大事にされていないと感じる）。
・現実に愛を感じられない。
・頑固で融通がきかない固い心になる。
・嫉妬で苦しむ、頑張っている割には認められない。
・許せない誰かがいる。
・受け取ることができない（たとえば働いて頑張っている割には収入が少ない。お金が入って来づらく出ていく一方。あるいは誰かに優しくされているのに、受け取れない）
・人に頼れない、任せられない。
・人生に安らぎと安心が消えている。
・自分が何に惹かれるか、どうしたいかが感じられない、など。

この他、過去の恋愛の傷や、過去の失敗からハートブレイクしたまま、ハートがつまっていて、胸が苦しいとか、日々の中に愛を感じられない時や、怖くて心が開けない時などは、ただ香りを通して自分を癒してみてくださいね。

きっと優しさに向かってハートがくつろぎ、楽になれるでしょう。

◇自己否定を優しく癒し、自分を愛する

ピンクの花の香り

ピンクの薔薇、ピンクのカーネーション、ピンクのガーベラ、など、ピンクに色づいているお花の香りを日常に取り入れて、心で味わいましょう。あなたが快いと感じるピンクのお花なら、お花の種類は、百合でも薔薇でもスイートピーでも、お好きなもので大丈夫です。

日常の中で、ピンクのお花を一輪挿しなどに入れ、あなたが一番多く時間を過ごす場所に置いてみましょう。暮らしの中にピンクの花の香りをかすかに感じるだけでも、あなたのハートはやわらぎ 自然に開いてゆき、よい影響をいただけます。ハートが開くと、人生は天国になるのです。

お花は一輪でも十分ハートが開きます。

私はよく、ピンクのお花を目で見て、その存在の優しさ、やわらかさ、可憐な姿を心で感じて、その香りを心で味わうようにしています。

少しだけ時間があるなら、ピンクのお花さんたちの、美しさ、優しさを心で愛でて、香りを感じながら、しばし、ふんわり瞑想してみましょう。(目を閉じて香りを味わうだけでも、瞑想になります)

ピンクのお花の色彩や香りを感じて、ほっとくつろぐだけでも幸せを引き寄せる効果はありますよ。

ピンクの色彩を持つ花の中には、妖精たちがハートを開く周波数をこめてくれています。

ピンクの花たちの香りには、自己否定を癒し、幸福な気持ちを回復させる優しい力があります。

香りにほっとするごとに、頑張らなくても、あなたのハートが開き出します。

ハートが開くと、わくわく幸せな経験を、あなたは引き寄せ始めるでしょう。

お茶の香り

◇運命もやわらぐ香り、和合をもたらす

炒ったお茶の香りは、神経をやわらげ、優しくする天界の贈り物です。日頃、神経を使うお仕事の方や、人に合わせて疲れてしまう方など、人間関係がスムーズにいかず、混乱がある時などには、お茶の香りは大変よいヒーリングとなります。

たとえば茶香炉に、あなたにとってなじみのあるお好きな茶葉を入れて、香りをたててみましょう。

茶香炉がなければ、フライパンでお茶を炒り、お皿に半紙を敷いて、その上に炒った茶葉をのせ、お家に優しいお茶の香りを広げます。

この香りは、聖母のセラピーでは、夫婦げんか、家族げんかが多いお家、イライラした気や、落ちこみの気、沈む気分の気や、人と人がぶつかり合う摩擦の気を優しく包み込み、やわらげてくれます。この香りから立ち昇るやすらぎのエネルギーが広がると、静かに満ち足りてゆく、なごやかな気が生まれてきます。


これは、心の芯の固さをやわらかくしてくれる、聖母界の癒しの香りです。


自分のためにも、あるいはご家族の誰かが疲れて悩んでいる時なども、多くを語らず、説得せず、ただ、いのちへの励ましをこの優しい香りとともに広げてみましょう。

何とも言えない、ほっとする安らぎで包み込んであげられます。

炒ったお茶の香ばしい香りは、あなたのハートで味わいましょう。

ストレスに満ちた気がお家の中に滞留していると、イライラした気分になりやすく、家族間などでぶつかりやすくなります。そんな時、このあたためた茶の香りは、家中の心をほっこりやわらげてくれるでしょう。

悲しみで胸が塞がっている時にも、炒った茶葉から立ち上る深い香りは、あなたの深いところを慰め癒してくれます。何だか疲れたと感じるそんな日は、こんなほっこりする優しい香りの、幸福界はいかがですか?

たとえば、ストレスを抱え込みやすい方は、この優しい安らぎの香りを感じてみてください。

ほっとするでしょう。

この香りのやさしさの中には、

「あなたの重荷を、私もともに背負いますよ。あなたは一人ではありませんよ」という、天界の優しい母の声が溶けています。

人生で耐えきれないほど、重い荷物を抱えて頑張っていた人ほど、この香りに出会うと理由もなくほっとして、涙があふれることがありますが、それでいいんですよ。

それは、あなたが、あなた自身とつながりを取り戻した安堵の涙で、内なる自分にふれ、ほっとすることで、宇宙のお母さんのあたたかさに魂が回帰したのです。

そこから、運命が好転し始めるでしょう。

あたたかい香り。どこか懐かしい香り。

炒った茶葉から立ち上る優しさ……。つらい時には、こんなほっこりする優しい香りの、幸せに満ちた世界はいかがですか？

◇あなたらしさへと導く

海の香り

私たちは時として、人と自分を比較しては落ち込んだり、あせったりしがちです。

自分のよいと思ったものを誰かの意見で否定されて、自信喪失することもあるでしょう。

お人は素敵に見えるのに、自分は小さく見えて、つらく感じる時は、海を見に行きませんか？

波の音を聞きながら、海の潮の香りで深呼吸してみましょう。

海の香りには、他の誰でもない「あなた」の魂の持つ自然なリズムを取り戻してくれる優しい香りが満ちています。

潮の香りは、「素」のままのあなたの波動に、力を与えてくれるでしょう。

お人と自分の違いで苦しかったり、自分のよい所が見えなくてつらい日は、海の波の音を聞きながら水面に映る光の反射のキラキラなどを見て、潮の香りで深呼吸しましょう。

魂にはそれぞれ、固有の波動があります。自分らしいリズムがあります。

あなたの呼吸と、まわりの人の呼吸は違って当たり前ですが、時にお人のリズムに合わせすぎて自分らしさが見えなくなることがあります。

そんな時は、海の香りを取り入れると、本来のあなたの呼吸を取り戻すことができます。魂の呼吸、リズムが自分らしく整うと、あなたは自分を表現することを怖がらなくなります。

だからハートから、どんどんエネルギーがあふれてくるのです。素敵なオープンハートでくつろぐことができるのです。

◇仕切り直し、リセットしたい時

レモンの香り

何かがマンネリ化し、新鮮な気持ちを忘れていたり、それまでの自分を越えて新しく生まれ直すようにリフレッシュしたい時は、新鮮なレモンの香りがあなたのオーラをきれいに浄化してくれます。

忘れたい過去があったり、思い出すたびに胸が痛むことがあり、魂が前進できないそんな時は、たとえば、冷たいお水にフレッシュなレモンを絞り、レモン水をおいしく飲んで、リセットのエネルギーの香りを感じてみませんか？

レモンの香りを感じながら、レモン水を飲んでみましょう。爽やかな香りを取り入れてみましょう。

レモンの香りは、あなたの中にある対処しきれないエネルギーをきれいに流し、リセットさせてくれるでしょう。

この香りは、あなたのエネルギーを調律してくれるので、心のこだわりを流すのを助け、新しい考え方、新しい生き方、新しい可能性へとあなたのハートを開いてくれるでしょう。

あなたが再び、人生に感動し、楽しむ気持ちを取り戻していくのを、助けてくれます。

この香りは、あなたが変わるのを助けてくれるので、人生の変化を感じている人にはとてもよいセラピーとなります。

レモン水を飲む、お料理にレモンを絞る……あなたのアイディアで、日常にこのさわやかな香りを意味を持って取り入れる時、あなたはエネルギーをリセットし、何度でも生まれ直すことができるのです。

エピローグ　あなたの一番幸せな夢がかないますように

いかがでしたか？

大切なあなたの人生の中で、本書を読んでいただくお時間を作ってくださったことに、心から感謝いたします。


人生にはあなたが感動できる美しいものがたくさんあふれています。あなたの命をみずみずしく甦らせてくれるものがたくさん存在します。

だけど何かが足りないと感じていたのはなぜなのでしょう。

私たちはずっと心のどこかで渇いていたのかもしれません。


私たちには皆、生まれる前に自分と約束した夢があるのです。

生まれたらこうなりたい、こういう自分になりたい、という聖なる夢があるのです。

女神が教えてくれたあたたかい生き方は、不思議な力を持っていました。

あなたが自分の内側に宿る大切な夢に気づき、その夢に向かい始めると、内側から満たされ始め、世界が優しく見えるでしょう。

心にあたたかさが甦ると、人生は輝き出します。

あなたの魂の夢が暮らしの中で甦り始めるからです。

いつの時も、あなたがお幸せでありますように。

今、ここから、優しい生き方を始めませんか?

心にぬくもりが通うように笑って、心があたたかくなるように泣いて、心がほっと優しくなれることを選択すると、人生には優しい奇跡が始まります。そうして、あなたがあたたかく自分らしく生きることは、この世界を幸せに輝かせる力になることでしょう。

どうか、心から心に優しさが伝わり、世界のすみずみまで、あたたかい愛のエネルギーが行き渡りますように。

あなたとあなたの愛する人の幸せをいつの時も祈っています。

姫乃宮亜美

CD製作時のインタビュー

CDができた理由

聞き手 インタビューを担当させていただく橋満克文（株式会社RRJ社長）と申します。今回のCD企画[*1]の経緯を申し上げますと、以前、『ミスティ』（2010年4月号）という雑誌[*2]の付録で瞑想のCDをとらせていただいた時が、先生とのご縁の始まりですが、その時、先生の声力《こえぢから》と言いますか、ふんわりした優しさが伝わってきて、いいものができたな、と思っていました。そのCDが、プレミアがついた、ということがあり、やはり、世の中、癒しが求められていて、われわれのようなサイトで何かそういうものでお役に立てたらと思い、企画が進みました。実現できて喜びでいっぱいです。

それでは、先生に、最初の質問をさせていただきたいと思います。

今回とらせていただいた音源は、どのような方に聞いていただきたいと思っていらっしゃるでしょうか？

姫乃宮　そうですね。不思議な表現をさせていただくと思うのですが、私は、ふだん、スピリチュアルなものの考え方をお伝えさせていただいているのですが、あらゆる物事に偶然はないのですから、今回の企画もそうですが、メッセージに気づいてくださり、手に取ってくださった方がいたとしたら、それは偶然ではなく、何か「人生を変えたい」と思っている方ではないかと思います。こういったメッセージの波動を、まだ中身を知らないうちに、自然に手に取る、不思議なご縁があると思います。

ここのところ、すごく思うのは、一生懸命、頑張っているのに、なかなか現実が開かない、やれることは全部やったけれども、どうも、頭打ちになるように、ここから先に出られない、という方がすごく多いです。これだけのことをやったから、後は、どうすればいいかわからない。そういうところで、心がうつうつとなってている時、無意識だと思うのですが、怒りが強くなった、イライラが強くなったり、心の中の不安とか、今まで我慢できていたことが、我慢できなくなった……そういう心の症状が増えています。そういった方に聞いていただきたいと思います。

なぜかというと、怒りが強くなったり、ストレスが強くなった時、表面上、その人は、自分が悪く見えます。今まで何とか我慢できていたイライラする気持ち、怒りの気持ちがあふれてきて苦しいとしたら、自分を責めないであげてほしいのです。それは、スピリチュアルな意味がありまして、一見、表面が悪く見えていますが、中の、その人の魂が目覚めはじめている時なんです。その怒りの下にある美しい自分が立ち上がっている時で、「これが自分の波動じゃない」と気がついて、ご自分の人生の中を、もう一回、変えはじめよう。本来の自分の魂に沿った生き方がしたい、と中から芽を出している時なので、そういう人にお届けできたらいいな、と思います。

収録した作品への思い

聞き手　たしかにそうですね。では、質問の二つ目にいきたいと思います。今回、収録したものに込められている先生の思いを教えてください。

姫乃宮　いろんな形で、こういうメッセージをお届けさせていただいて、もうずい分、長いのですが、なるべく多くの皆さまに不思議すぎないように、スピリチュアリティーな独特な世界観をお伝えしたくて、日常に流す、ということが、一つのテーマだと思っているのです。

そういうことからみても、今まで10年前までの発信では、「セラピー」ということを中心にメッセージをお伝えしていました。でも、ここのところ、東日本大震災やいろいろな天変地異が激しいですし、世の中の動き、自然界の動きがあった時に、劇的に人々の心の意識が変わったのを、こうしてお伝えしていて、すごくリアルに感じるんですね。

今までは、「自信がないんです」とか、恋愛で「好きな方とどうしたら一緒になれますか?」といった悩みが多かったものが、大きな震災があってからは、「なぜ生まれてきたのだろう」「何のために私たちは生きているんだろう」そういう疑問が多く寄せられるようになりました。

そういうきっかけがありまして、「そろそろ、大切なものを伝える時期にきているな」と感じまして、今回の収録の中にも入っていますが、「私たちはどこから生まれて来たのか? どういう存在とつながっているのか?」という、自分のいのちがつながっている先ですね。宇宙の大きな愛の源と誰もがつながっている。しかも、特別な人とだけではなく、いろんな日常の中で、街のお掃除をする方やお花やさん、コンビニエンスで働いている方であっても、直接、いのちの世界とつながっている、ということにふれました。

そこが見えてくると、なぜ、今、目の前のことの苦しみがあるんだろう、ということに意味があることに気がつく。その意味が届いたらいいな、と。

人には生まれる目的と意味がある、お一人お一人が、その場所にいながら、気づいていただきたいな、ということをお伝えしたいと思います。

自分を失っている人にこそ聞いてもらいたい

聞き手　先生はつねに自分を見つめなさいとメッセージを発信されているような気がして、僕はそのように本を読ませていただきました。最後の質問は、かぶってしまうかもしれませんが、お聞きいただいている人に、先生からのメッセージをお願いします。

姫乃宮　どんな方にも、「生まれてきた目的がある」と気づいていく時がきていると思っています。人生は、目的のために、動いていく、目に見えませんが、人生には流れが必ずありますね。

たとえば、スポーツ観戦していても、どんなに頑張っていても、ある1個のチームのほうに見えない流れが加勢する時があったり、こうして話していても、話の流れでそうなったと表現される見えない流れのようなものです。そういうふうに私たちがふつうに生きていても、どんな人にも流れがあって、その流れは自分の、お一人お一人の魂の目的に向かって流れていきます。

ですから、みなさんにお伝えしたいのは、今いのちが疲れている方がたいへん多いのは、この流れが読めなくて逆行しているからなのです。先ほども申しましたが、今までうまくいっていたのが急にうまくいかなくなった方がとても多いのは、この流れの変化が読めない時、自分を失っている時ですね。自分が見えている時は、その見えない流れに自然に沿ってゆくのです。潮の流れと一緒で、自分の魂の目的に沿って行動している時は、後ろ側から波がくるんですね。だから、ひとかきで、ちょっとの努力で、流れがぐーんといきますね。

でも、人に合わせたり、人の目を通して、自分を表現したり、迎合したりすると、逆になるんですね。だから、努力しても疲れるだけで、実りがない。ただ、もがいているだけで、全然進まない。そういうことが多いので、そこに気づいて、もし現実が苦しくて、もがいているなら、自分を見失っている時で、自分が本当にやりたいこと、胸がときめくこと、幸せなことに向かっていただきたいという思いがあります。そうすると、人生の疲れがとれて、幸せが湧いてくるからです。

ぜひみなさまにお伝えしたいことは、悩むこと、苦しむことも人生にはいっぱい訪れます。それは、学ぶために、目的に気づくために出てきていることで、結局は、最後に自分の目的に向かうために、必要なことがやってきていることなんですね。

悩み続けて一生終わるために、あなたが生まれてきたわけではないのですよ。その先があってそれが全部終わって、学びきってしまうと、人生の中で、自然に門が開かれて、自然に自分に必要なものが与えてくれるようになり、できなかったことができるようになり、ちょうどやりたいことが、現実からこういう仕事があるんですが、やりませんか？　というお誘いがきたり、自然に成就するようになっていくんですね。

ですから、お一人お一人が、かなえたい夢があって、そこを見つけると、人生はどんな人も、内側から力があふれてくるように、自らの力で、癒されていく、そういう癒しにぜひ気づいて、源につながりながら、幸せな日常生活が花開いていただきたいな、と思っています。

聞き手　できることなら、先生の素敵な笑顔もみなさまに一緒にお届けしたいところです（笑）。本日は、どうもありがとうございました。先生の今回の作品、大事にお届けさせていただきたいと思います。

（収録　2015年11月19日）

＊1「キクボン 耳で聴く本」姫乃宮亜美書き下ろしのスピリチュアルメッセージを著者自身が朗読。販売RRJ

＊2『ミスティ』説話社編集／実業之日本社刊行　1992年8月創刊～2010年10月休刊。〝読めば幸せになるハッピーライフマガジン〟として、占い、心理学、スピリチュアルの情報を発信していた占い月刊女性誌。

姫乃宮亜美　（ひめのみや あみ）

聖なる母性のグレースメッセンジャー。
1986年に起こった神秘体験より、あらゆる女神たちの起源である大宇宙の聖母意識との魂のふれあいが訪れる。以来、誰もの中に優しさというあたたかな神性が宿されていることに目覚め、天の母性のメッセンジャーとして活躍。あたたかい、いのちのひびきに調和する本来の優しい生き方を様々な角度から広く伝えながら、世界の隅々まで愛と幸福が広がってゆくことを祈り続けている。著書に『魂のエレガンス』『和の女神たち』（ともに説話社）『女神の癒し　7日間の瞑想ワークCD』（実業之日本社）『妖精を呼ぶ本』（サンマーク出版）ほか多数。

公式サイト内では、魂をあたためるメッセージ連載「Tenderness Light（テンダネスライト）」毎日更新中
姫乃宮亜美公式サイト「グレースファウンテン」　https://www.la-sophia.jp/

優《やさ》しい光《ひかり》のメッセージ
発行日　2018年2月9日　初版発行

著　者　　姫乃宮亜美
発行人　　酒井文人
発行所　　株式会社説話社
〒169-8077 東京都新宿区西早稲田1-1-6
電話／03-3204-8288（販売）03-3204-5185（編集）
振替口座／00160-8-69378
URL http://www.setsuwasha.com/
デザイン　　染谷千秋（カバーデザイン）／苅谷涼子（本文デザイン）
編集担当　　酒井陽子
印刷・製本　　中央精版印刷株式会社

ISBN 978-4-906828-41-8　C0095